21天掌握当众讲话诀窍

告别口无长技，打造人生高光时刻

殷亚敏◎著

CNS PUBLISHING & MEDIA 中南出版传媒
湖南文艺出版社 HUNAN LITERATURE AND ART PUBLISHING HOUSE
博集天卷 CS-BOOKY

21天掌握当众讲话诀窍

目 录

第三章

耳语练声法
——快速纠正讲话用声不当之妙法

第四章

“双人舞”练情法
——快速转变讲话无情之妙法

第五章

一简二活三口诀
——快速掌握讲话好听好记之妙法

前言

这是一本教读者快速学会当众讲话的书。

怎样迅速提高当众讲话能力？这是许多人都面临的一个问题。

营销天才史玉柱说：“谁消费我的产品，我就要把他研究透。一天不研究透，我就痛苦一天。”

这句话引起了我深深的共鸣。

我从事广播电视播音主持工作三十四年，每天都是“自己说，受众听”，而在大学教授当众讲话能力训练课程的五年里，则要变成“教学生说”。从自己说到教别人说，这是一道非常大的坎儿，逼着我要深入研究我的“消费者”——学习这门课的学生。在面对面的教学过程中，我一直像史玉柱一样，不停地在琢磨和研究我的学生，研究他们学习这门课的心理和行为。

经过五年的实践、研究和总结，我发现学习当众讲话有四个难点：胆、声、情、识。

“胆”是指讲话没有胆量，这是无数当众讲话者永远过不去的“鬼门关”。讲话稿写得再好，台下练习的次数再多，也没用，往台上一站，脑子一片空白，就是因为没胆。

“声”是指不会用气用声，开口说话，声音不悦耳，说多了，嗓子就哑，而且吐字含混不清。很多以讲话为职业的人，就是因为不会用声，断送了职业生涯。他们想学习科学的用气发声方法，可是又因为这套方法太高深玄妙而望而生畏。

“情”是指讲话没有感情。讲话平淡如水，没有感情，语气没有变化，让听众听不下去。

“识”是指讲话内容干巴，没有条理，不好听，记不住。

针对这四个难点，我在教学实践中总结出了一套通俗易懂、见效快的当众讲话训练方法——定、耳、舞、诀。

定、耳、舞、诀，猛一听这四个字，会一头雾水，但我一解释，你就全明白了，因为它们都是你在生活中常用的方法，我只是把它们归纳提炼出来，并在教学实践中反复验证了。

“定”是指笑定、眼定、站定，就是保持微笑，眼睛看着观众，站定三秒钟再开口说话。这是练胆之法，能够使讲话者迅速具备沉着镇定的心理状态。讲话的胆量是心理素质，属于人的内在因素，但我们可以通过训练讲话者外在的体态语，由外而内改变讲话者的心理素质，使其很快由无胆变为有胆。掌握了“三定法”，就可以达到好声、好身、好运的目的。

“耳”是指耳语练声法，这是练气练声之法，能让讲话者快速掌握科学的用气发声方法。这个方法很简单，就是说悄悄话。天天说悄悄话，你就能掌握正确的用气发声方法，达到美声、美身、美神的目的。

“舞”是指“双人舞”，这里说的不是跳舞，而是手舞足蹈、眉飞色舞的练情之法。通俗地说，就是讲话时一定要加手势，并且脸上要有表情。这是使讲话生动形象的方法。牵住手势训练这个“牛鼻子”，讲话马上就会生动形象，魅力十足。

“诀”是指一简二活三口诀，这是练识之法。“一简”就是把讲话的观点简化成四个字或一个字；“二活”就是讲完观点后，紧接着举出生动鲜活的例子；“三口诀”就是把讲话中的小观点串联成口诀化的关键词。这是让讲话好听好记的一套方法。

明白了这四个字的意思，就方便了你对本书的阅读。下面就让我们一起走进学习当众讲话的课堂吧。

第一章

怎样才算会讲话?

这是一本关于讲话能力训练的书。

那么，什么是讲话？怎样才叫讲话能力强？什么是讲话能力训练？本书有自己的界定，也要一一做介绍。

什么是讲话？

1. 讲话不光要用口

什么是讲话？请读者先来做一个体验式练习。

我们用三种方式来说“你真会讲话”这句话：

第一遍，面部不许有任何表情，脸上的肌肉不许动，说“你真会讲话”。

第二遍，微笑，嘴角翘起来，眼睛带着笑意，开口说“你真会讲话”。

第三遍，微笑，伸出右手大拇指说“你真会讲话”。

同一句话，我们用了三种方式来说，哪种效果最好？毫无疑问，第三种方式效果最好，也就是加上面部表情和手势以后，效果最好。

好了，现在我们可以对讲话下一个定义了。什么是讲话？就是一人对多人，口、手、脸共同参与的“多媒体式”表达方式。如果只动口，不动手，不动脸，讲话效果一定会大打折扣。

什么叫一人对多人？这里要稍加解释。只要是有三个以上的听众的讲话，就是本书所指的讲话。也就是说，无论你是站在台上讲话、讲课，站起来发言，还是主持节目、主持会议、主持讲座，只要有三个以上的人做你的听众，你就是在讲话。按照本书提供的方法进行训练，都会对你有帮助。

2. 讲话不等于演讲

本书把演讲与讲话进行了区分。

话要天天讲，而演讲不要！话要人人讲，而演讲不要！

什么是演讲呢?

一说到演讲，你的脑海里大概会浮现出这样一个画面：一个秃顶、留着小胡子的俄国人，身体前倾，挥动右手，正在冬宫前面的广场上演讲，那是列宁。或者是一个有着一头紧贴头皮的卷曲黑发，眼睛明亮的美国黑人，正在华盛顿广场上发表《我有一个梦想》的演讲，那是美国著名的人权运动领袖马丁·路德·金。或者，你会想到一个身着长衫、围着围巾、戴着圆眼镜的中国教授，正在做“最后一次演讲”，他是闻一多。再或者，在一个个专题演讲比赛中，每一个参赛选手都在慷慨激昂地讲话。

我想这就是你脑海里浮现出的演讲画面，大多数人对演讲的理解也应是如此，总之是一个人充满激情，挥舞着拳头，把全场的人都讲得热血沸腾。这种演讲虽然可以让人热血沸腾，但往往只在关涉生死的重大事件中才会应用，所以一般的演讲学书籍都把演讲的范围限定为理想情操演讲、模范事迹演讲、宣传鼓动演讲，而这些演讲在日常生活中也很少应用。

有意无意中，演讲成了一种被普通人仰视的工具。口才训练专家刘伯奎在他的《口才与演讲系统化训练》一书中，意味深长地说了这么一段话：“演讲自20世纪80年代中期在中国内地复兴以来，至今已是遍及城乡。但是，演讲活动在‘热’的表象之下，还存在着另一面——演讲应用的‘冷’。现阶段的‘演讲热’，主要表现在演讲爱好者群集的舞台上，而要想使演讲走下表演台，使之成为人生成功的得力工具，看来还要有一个漫长的历程。”

因此，我认为，演讲只有“成为人生成功的得力工具”，才能为普通人所欢迎。

表演台上的演讲，我们普通人是无法应用的。如果你的领导、同事、老师总是以演讲的姿态和你讲话，你就会觉得这个人有病。我在北京师范大学珠海分校文学院开设演讲与朗诵课，学校要求大一的新生必须修这门课，很多学生是抱着被抓壮丁的心情来参加的。因为在他们的印象中，所谓演讲，就是那种在大会上的慷慨激昂的表演，离他们的需求太远了。

听完绪论课后，学生们才转怨为喜，由“老师要我学”变成了“我自己要学”。因为我跟学生们讲，此演讲非彼演讲，我这里教的演讲指的是面对众人讲话。面对众人讲话要摆事实讲道理，要娓娓道来，以理服人；要有感情，但不一定始终有激情；要有声音的起伏变化，但不一定始终慷慨激昂。当众讲话，要掌握深入浅出的传播之道。这时，学生们才恍然大悟，由“被抓的壮丁”变成了“志愿兵”，发自内心地想学了。

由此我决定，为了和传统意义上的演讲加以区别，本书不使用“演讲”这个词，而使用“讲话”这个词，说的是当众讲话，即一人讲，众人听。

讲话能力强的标志

怎样才叫讲话能力强？当众讲话时，声情并茂，有胆有识，好听好记。做到这十二个字，我们就说这个人会讲话，讲话能力强。

1. 讲话能力强的标志之一：声情并茂

声情并茂，一个是“声”，一个是“情”。

先说声情并茂的“声”，要做到“三要”：气要通，即气息通畅；声要悦，即声音悦耳；字要清，即吐字清晰。

第一，气要通。气、声、字，这三者中，气是前提。气者，声之帅也。气息不通畅，声音就容易嘶哑，吐字也不清楚。

第二，声要悦。人的声带条件不一样，不可能个个声如洪钟，但是通过训练，可以让气息通畅，让声音比过去更美，听起来悦耳舒服。有些人说话的时候，脖子上青筋暴起，声音嘶哑，这都是用气发声方法不正确，气息不通畅造成的。这些人当众讲话时，声音听起来不悦耳，以致影响了讲话的效果。

第三，字要清。讲话时，不要求字正腔圆，但要吐字清晰；不要求发音像播音员一样标准，但要让听众不费力气地听明白。

有个关于语言的笑话：

一位领导到顺德视察，上了游船，当地的镇委书记说："坐在床头看娇妻，越看越美丽。"领导一听，什么乱七八糟的。后来一解释，误会了，原来是发音不标准，镇委书记说的是"坐在船头看郊区，越看越美丽"。一会儿，镇委书记又请领导吃西瓜，说："首长，你吃大便，我吃小便。"领导一听，勃然大怒。一解释，又误会了，原来是把"大片"说成了"大便"，把"小片"说成了"小便"。

在专业的播音员、主持人身上，还发生过这种事：某电视台的主持人前后鼻音不分，把"不信"说成了"不幸"，把"民心"说成了"明星"，给观众留下了笑柄。

这种发音不清造成歧义，闹出笑话的情况，是我们在讲话时一定要避免的。讲话时，不必苛求发音标准，但造成语言的歧义，闹出笑话来，这发音就不过关了。

本书的第三章"耳语练声法——快速纠正讲话用声不当之妙法"就是要帮读者解决"声"的问题，让读者快速掌握丹田用气的方法，使声音悦耳，吐字清晰。

再说声情并茂的"情"。情其实就是讲话的吸引力，讲话者的语言能紧紧抓住听众的耳朵，讲话者的表情、手势能紧紧抓住听众的眼睛；情其实就是讲话的感染力，能让听众哭，让听众笑，让听众紧张，让听众兴奋。

讲话要有感情，就要做到"三丰富"：手势要丰富，表情要丰富，语气要丰富。这"三丰富"是什么关系？"三丰富"中哪个是"纲"，哪个是"目"？

本书的第四章"'双人舞'练情法——快速转变讲话无情之妙法"就是要帮读者解决"情"的问题，让读者从手势入手，快速掌握讲话吸引人、感染人的方法。

希望自己讲话声情并茂的读者，可以重点去看上述两章的内容。

2. 讲话能力强的标志之二：有胆有识

什么叫有胆？就是讲话时沉着自信，不慌不忙。什么叫有识？就是讲话的内容深刻、新颖、有见识。

有胆有识有两层含义，一是说胆和识缺一不可。讲话无识，没有思想，听众听来没有收获；讲话无胆，就像少了临门一脚，内容再精彩，思想再深刻，准备得再充分，也白搭，临场紧张，脑子空白，一上台就砸锅。

二是说胆和识的前后顺序不能颠倒。有胆有识并非随意而言，而是有内在逻辑关系的。"胆"在前，"识"在后，说明"有胆"是"有识"的基础，是前提。讲话的人有了胆，才能思维清晰，把精心准备的内容很好地表达出来，甚至超水平发挥。

本书的第二章"笑定、眼定、站定——快速克服讲话无胆之妙法"就是要帮读者解决"胆"的问题。

3. 讲话能力强的标志之三：好听好记

再来说说什么叫好听好记。

什么叫好听？从台下观众的反应就能看出来，能让观众竖起耳朵听，不时发出笑声，最后响起热烈的掌声，就叫好听。凡是上面开大会，下面开小会的，一定是上面讲得不好听。上面声嘶力竭地在讲，下面却各看各的书，各做各的事，也一定是讲得不好听。

金一南将军的讲话就叫好听。金一南是国防大学的战略学教授，中央人民广播电台《一南军事论坛》节目的主讲嘉宾。他讲国防战略，高屋建瓴，激情澎湃。他在中央党校和国家行政学院上课两三个小时，无人走动；在武警总部讲课，包括将军在内的900多人几乎无人不落泪；在总参谋部（现改为中央军委联合参谋部）给老干部讲课两个半小时，居然没有人上厕所。

《人物》杂志上有一篇介绍金一南的文章《桅杆上的望者》，其中写道，2007年3月16日，金一南作为唯一的军方学者参加了北京大学举办的“伦理与价值：当代中国外交的困惑”研讨会。针对有人提出的“军人生来为和平”的观点，金一南针锋相对地阐述了“军人生来为战胜”的观点。金一南演讲时，整个会场鸦雀无声，尽管会议时间已经拖延，但大家都没有离去的意思，甚至有人提出把自己的发言时间节省下来让金一南继续讲。

文章中还讲了一个金一南让26个国家的军官洗耳恭听的故事。2000年，金一南在英国皇家军事科学院学习时，学院要在30名学员中选2名学员介绍自己国家的基本状况。作为来自唯一的社会主义国家——中国的代表，金一南的发言受到各国学员的高度关注。

为了准备15分钟的发言，金一南两个晚上总共只睡了5个小时。发言时，金一南以中国100年来的数字对比有力地说明了社会主义改变中国的道理。“台下异常安静。一张张全神贯注聆听的面孔有黑色的，有黄色的，也有白色的。”15分钟讲完了，全场报以长时间的热烈掌声。

你看，不管你讲什么，听众是什么人，只要你能让听众全神贯注，讲话结束，全场报以长时间的热烈掌声，你的讲话就一定是好听的讲话。

我自己也有体会，哪节课学生们鸦雀无声，一定是我讲得好听；哪节课下面开始窃窃私语了，就说明我讲得不好听了，有问题了，我就要开始反思了。

什么叫好记？就是台下的听众不带纸不带笔，听完就能把要点记在脑子里。假如你强迫听众带纸带笔，死记硬背，他们还记不住，那就叫不好记。

在电影《建国大业》中，毛泽东主席有一句经典台词让人过耳不忘。撤离延安时，毛泽东说："存地失人，人地皆失；存人失地，人地皆存。"凡是看了这部电影的人，几乎都记住了这句话。这就叫好记。

想要好听，就要讲故事；想要好记，就要简练、简练再简练。本书的第五章"一简二活三口诀——快速掌握讲话好听好记之妙法"就是要告诉读者如何才能让讲话好听又好记。

做到了"声情并茂，有胆有识，好听好记"这12个字，就具备了较强的讲话能力，听众就会对讲话者伸出大拇指了。

什么是讲话能力训练?

学讲话如学开车。学开车有"三部曲"：师傅教，自己练，上路开。学讲话又如学武术，首先要仿招，一招一式模仿师傅的动作，不走样；其次是练招，学会之后，要拳不离手，坚持苦练，要有持之以恒的劲头；最后是创招，熟能生巧，发挥创造，自成一派。想要具备较强的讲话能力，就一定要像学开车和学武术一样，经过仿招、练招、创招的训练。

要把复杂的东西简单化，简单的东西习惯化。

讲话能力训练包括两个部分：一是要训，二是要练。训是指老师的讲授和指导，让学生去认识、体验讲话的规律；练是指学生的实践，在实践中掌握讲话的规律。训与练相结合，才能掌握这种能力。

1. 什么是讲话能力训练的“训”？

先说说训。老师的训，关键在于要有一套行之有效的训练方法。古人说，大道至简，学习任何一门学问，都有一个方便法门，都有一个最简单易学的方法。

营销及销售行为专家孙路弘在澳大利亚留学时，到一家意大利餐馆去打工。同样是洗盘子，他的速度却比别人快了好几倍，就是因为他在实践中找到了洗盘子的方便法门。

孙路弘说，在烤制过程中，意大利比萨的奶酪会融化在盘子上，因此这样的盘子是最难洗的。而他通过一个月的摸索，找到了又快又干净的洗盘子方法，就是先用热水冲洗盘子五秒钟，然后立刻把盘子放到有冰块的水中，奶酪与盘子的热膨胀系数不一样，自然就脱落了。

可见，找到一种简单高效的方法，可以大大提高学习和做事的效率。

定耳舞诀法就是一种简单高效的讲话训练方法，它有两个特点：一是好懂，二是好仿。

好懂就是一听就懂，马上明白。一本讲营养健康的书至少有10万字，对普通人来说太专业、太烦琐，看得头昏眼花，还找不到要领。而著名健康教育专家洪昭光从10万字的书里给读者提炼出了5个字：红黄黑白绿。“红”是指西红柿、红葡萄酒等红色食物，“黄”是指玉米、胡萝卜等黄色食物，“黑”是指黑木耳等疏通血管的黑色食物，“白”是指燕麦等白色食物，“绿”是指绿茶、绿色蔬菜等绿色食物。后来，又概括成8个字：什么都吃，适可而止。你看，这样的表述非常简单明了，不论老幼，一听就明白。这就叫好懂。

想要提高讲话能力，学习正确的用气发声方法非常有必要，但是这个方法非常专业，一两句话很难说清楚。就连邵守义老师这样的演讲学权威专家，也很难用几句话教会听众。

四年前，我刚开始教授演讲与朗诵课的时候，遇到的最大难题就是如何在一个学期的时间里，让没有任何基础的学生掌握正确的用气发声方法。我给他们讲胸腹式联合呼吸法，不讲还好，一讲反而让他们糊涂了，连话都不会说了。这个难题逼着我冥思苦想，最后我找到了一个让学生一听就懂的方法：说悄悄话的方法。因为说悄悄话用的是气声，一定要用丹田气，并且声带不需要振动，喉头不紧张。最关键的是，人人都会说悄悄话，你一讲，学生们就都明白了。这就叫好懂。

好仿就是易于模仿。教人讲话，不能光靠学习的人心领神会，一定要有一个看得见、摸得着的训练方法，先画出一个葫芦，让学习的人能够依样画葫芦，从模仿开始，先仿招，再练招，最后才创招。

讲话的胆量属于心理素质，但是“情动于中而形于外”，内心无胆一定会从外在的肢体语言中反映出来，比如眼睛不敢看人，面部表情僵硬，没有笑容，站得歪歪扭扭。通过这些外在的表现，我们一眼就可以看出这个人讲话没有自信。那么，我们就可以从训练学生外在的肢体语言入手，来锻炼他们的胆量。比如，教他们如何用眼睛看人：先看左边的观众，再看右边的观众，再看中间的观众。从模仿开始反复练习，形成习惯，胆量就可以练出来了。

另外，凡是讲话有感情的人，一定会做手势和面部表情。新东方创始人俞敏洪，著名的成功学专家陈安之，微软中国区前总裁唐骏，都是有名的演讲高手，他们在讲话的时候都手舞足蹈。而讲话没有感情的人，一定不会做手势，而且没有任何面部表情。根据这个规律，我设计了一套手势和面部表情的训练方法，让学生们天天练习，等到他们把手舞足蹈、眉飞色舞变成讲话的习惯时，讲话没有感情的毛病自然就改掉了。

2. 什么是讲话能力训练的“练”？

练的目的是什么？就是让人养成正确的讲话习惯。

习惯的力量是惊人的。有这样一个寓言故事：

一个富翁去世之后，将一大笔遗产留给了他的一位远房亲戚。这位亲戚是个常年靠乞讨为生的乞丐，他接受遗产后，立刻摇身一变成了个百万富翁。新闻记者便来采访这位幸运的乞丐，问道：“你继承遗产之后，想做的第一件事情是什么？”乞丐回答说：“我要买一个好一点的碗和一根结实一点的木棍，这样以后出去讨饭就方便一些。”

你看，人虽已成了百万富翁，但满脑子想的还是怎样讨饭，可见习惯对人们的言行有多么大的影响。一个人一天的行为中，只有大约5%的行为是非习惯性的，剩下的95%的行为都是习惯性的。根据行为心理学的研究，某个行为重复三周以上就会变成习惯，重复三个月以上就会变成稳定的习惯。

学习如何讲话，老师可以教给你一个好懂好记、行之有效的方法，但想要形成良好的讲话习惯，还要靠你自己持之以恒地练习。每天早晚练习，坚持三周，就会形成良好的习惯；坚持三个月，良好的习惯就会巩固下来。

3. 讲话训练的目的——形成肌肉记忆

形成良好的讲话习惯，实质是形成正确的肌肉记忆。什么叫肌肉记忆呢？比如弹钢琴，刚开始学习的时候，你的手指不听指挥，僵硬笨拙，你要边想边弹。经过反复练习，最后你不用脑子想，就可以流畅地弹奏曲子了。这时，你的手指肌肉已经形成正确的记忆了。姚明投篮，靠的是肌肉记忆；郎朗弹钢琴，靠的也是肌肉记忆。

要把正确的讲话习惯变成肌肉记忆。

有的人讲话多了，就会出现声带小结、声音嘶哑等问题，这都是由错误的讲话习惯造成的，而错误的讲话习惯一定是一种错误的肌肉记忆。这些人在讲话的时候，脖子上青筋暴起，喉部肌肉紧张。我让学生练习耳语发声法，让他们“占领两头，解放中间”，也就是让下头小腹的肌肉紧张，上头两颊和双唇的肌肉紧张，而让喉部的肌肉放松。方法掌握了，就要反复练习，最后只要一开口讲话，不用去想用气发声的要领，自然就做到上头和下头肌肉紧张，喉部肌肉放松。这就是形成了正确的肌肉记忆，就算养成正确的习惯了。

另外，讲话时，眼睛要始终和观众进行交流，这也是一种肌肉记忆。不敢看观众的讲话者，眼皮是耷拉着的，眼部肌肉是松弛的。而讲话时眼睛始终和观众有交流的人，眼部肌肉一定是紧张用力的，形成了一种正确的肌肉记忆。反复进行眼定的训练，就可以让讲话者的眼部肌肉形成紧张用力的肌肉记忆，讲话时眼睛就会放光，充满神采。

讲话生动形象的人总是手舞足蹈。手舞足蹈也是一种习惯，也是一种肌肉记忆，只要一讲话，双手和身体就会开始协调运动。通过手势训练，讲话者就能够形成手舞足蹈的肌肉记忆。

定耳舞诀法的练习原则

1.练习原则之一：苦练

本书将教给读者一套简单易学的讲话训练方法——定耳舞诀法。那么，具体怎样练习这套方法呢？第一要苦练，第二要恒练，第三要全练。

先说苦练。我们来看看著名乒乓球运动员邓亚萍的故事：

邓亚萍的身高只有1.55米，但她却成为乒乓球历史上一位伟大的女子选手，她的成功就缘于刻苦训练。

邓亚萍的父亲也曾是一名乒乓球运动员，受到父亲的影响，童年的邓亚萍也想要做一名优秀的运动员。但是，因为她个子矮，手脚粗短，不符合体校的招生要求，体校的大门没有向她敞开。于是，年幼的邓亚萍就跟着父亲练习乒乓球。父亲为她制订了一套独特而严格的训练计划，要求她每天练完体能后，还要做100个发球、接球的动作。为了使基本功更加扎实，邓亚萍还在腿上绑上沙袋，而且把木拍换成了铁拍。对一个孩子来说，这样的训练强度是难以承受的，她每闪、转、腾、挪一步都十分吃力，但她从不叫苦叫累，坚持进行艰苦的训练。付出总有回报，10岁时，邓亚萍便在全国少年乒乓球比赛中获得团体和单打两项冠军。

进入国家队后，邓亚萍训练更加刻苦了，每天训练的时间都比队里规定的时间长。她总是最后一个结束训练，连食堂的师傅都说，看见邓亚萍来吃饭，就说明训练馆里没人了。有时为了训练，邓亚萍会误了吃饭时间，她就自己煮方便面吃。

在国家队练习全台单面进攻时，邓亚萍依旧像小时候一样，往腿上绑沙袋，而且面对两位男陪练员的左右进攻，一练就是两个小时。

在进行多球训练时，教练将球连珠炮似的打过来，邓亚萍每次都高度集中注意力，瞪大眼睛接球，一接就是1000多个。

正是因为有了这种“人一之，我十之；人十之，我百之”的超常付出，邓亚萍才取得了常人所不及的辉煌成绩。在这个世界上，做任何事情都像种庄稼，春耕秋收，一分耕耘，一分收获，付出多少，得到多少。你想拥有比别人更出色的讲话能力，就要比别人更刻苦。

世界上的成功者与平凡者的比例，永远都遵循“二八定律”：成功者只占20%，其余80%都是平凡者。而成功者唯一的成功秘诀就是比平常人刻苦，比平常人付出得多。虽然学习讲话所要付出的辛苦与邓亚萍获得世界冠军所付出的辛苦不可相提并论，但我们也应该有邓亚萍这样的刻苦精神。

师傅领进门，修行在个人。四年中，我在两所大学教过上千名学生，可以说每个学生的讲话能力都提高了，因为有作业，有考试，他们都要进行练习。但是，每个人进步的程度是不一样的，有的人是略有进步，有的人是发生了天翻地覆的变化。有位学生是朝鲜族人，原来连普通话都讲不好，第一次上台讲话，脸憋得通红，眼睛看着地板，声音小得像蚊子叫。但是，他知耻而后勇，刻苦练习老师布置的基本功作业，早上练，晚上练，睡觉前在洗澡间冲凉还在练。结果一学期的课程结束后，他再上台，已判若两人：面带微笑，两眼放光，讲话有条有理。

本书的读者如果能坚持按照书中所讲的方法，早上练习半小时，晚上练习半小时，经过三到五周时间，就能够初步养成正确的用气发声习惯和手舞足蹈的讲话习惯，具备沉着大胆的心理状态。

2. 练习原则之二：恒练

亚里士多德曾说过，人的行为总是一再重复，因此卓越不是单一的举动，而是习惯。

每次给学生讲讲话能力训练课程的绪论时，我都会给他们讲一个敲铁球的故事：

一位世界著名保险推销大师即将告别自己的职业生涯，他的告别大会吸引了保险业界的2000名精英前来参加。

当许多人问大师推销的秘诀时，他微笑着表示不必多说。这时全场灯光暗了下来，四名彪形大汉抬着一个下面垂着一只大铁球的铁架子，从会场一侧走上台来。现场的人都丈二和尚摸不着头脑。

这位大师走上前去，用小锤子敲了一下大铁球，铁球没有动。隔了五秒钟，他又敲了一下，铁球还是没有动。于是，他每隔五秒钟就敲一下，持续不断，但铁球还是不动。

这时台下的人群开始骚动，有些人开始离场。大师仍然静静地敲着大铁球，台下的人越走越多，最后只剩下几百人。终于，大铁球开始慢慢晃动了。50分钟以后，大铁球大幅度晃动，任何人都不能使它停下来。

最后，大师面对剩下的几百名观众，分享了他的成功经验：“想要成功，就要重复去做简单的事情，以这种持久的毅力，每天进步一点点。当成功来临的时候，挡都挡不住。”

台上一分钟，台下十年功，每个口才超群的演说家都是靠持之以恒的练习取得成功的。拳不离手，曲不离口，天天练习，才能由量变到质变，讲话时才能声情并茂，有胆有识，好听好记。

如果说胆量的训练可以短期突破，那么用气发声的练习就需要长期坚持。即使你立刻就掌握了本书教给你的耳语发声法，也必须天天不间断地练习。戏曲界有句话：一天不练自己知道，两天不练同行知道，三天不练观众知道。只有天天练习，你的小腹肌肉才结实有力，肺活量才大，气息才通畅。

我自己就有切身感受。40岁时，我担任了一定的行政职务，进行用气发声的训练少了，就觉得自己的声音发干，音色发暗。从50岁开始，我兼职教授讲话能力训练课程。为了教好学生，我每天早晚各练习半小时耳语法，坚持了五年，出现了意想不到的效果，我的声音比年轻时更明亮、更干净了。这就是方法得当，坚持练习的结果。

其实，当你把持之以恒的训练变成一种习惯的时候，你收获的已不仅仅是强大的讲话能力了。

3. 练习原则之三：全练

什么是全练？讲话能力的训练包括“五练”：练口、练手、练胆、练脸、练脑。要多管齐下，综合练习，而不能单纯练口，练嘴皮。

一是练口，就是天天练习耳语法，达到气息通畅、声音悦耳、吐字清晰的目的。我们将在第三章详细介绍耳语法。

二是练手。练手包括两个意思，首先是动手写。一定要先扎扎实实地写好讲稿，写好提纲，然后再按照讲稿或提纲讲。千万不要一上来就追求出口成章，初学者追求出口成章实在是一个误区。

大凡出口成章的人，一定都受过三种训练：第一，先写后说的训练。先要出手成章，先学会写，然后再讲，经过反复训练，熟能生巧，才可能做到出口成章。第二，背诵经典诗文的训练。很多擅长当众讲话的人从小就背诵诗词古文，将这些经典篇章的文字内化成自己的语言，比如文化学者于丹、国学讲师翟鸿燊。第三，反复讲的训练。职业讲话者往往要将同样的内容讲很多遍，早已烂熟于心，而你是第一次听，就会有出口成章的印象。所以，没有天生的出口成章者，只有经过训练的出口成章者。想要出口成章，一定要循序渐进，先从出手成章的训练开始。

其次是练手势，就是反复进行手势的训练。用手一比画，讲话自然就生动形象了。我们要按照第四章的要求，反复进行“双人舞”的练习，把加手势变成讲话的一种习惯。比如，说“芝麻这么小，西瓜这么大”这句话，不加手势，语言就死板枯燥，而一加手势，说“芝麻”时，两根手指一捏，说“西瓜”时，两只手比画西瓜的形状，语言马上就生动形象了。通过反复练习，就可以让双手形成肌肉记忆，一讲话，自然就会加上手势。

我的一位学生在期末总结中写道：“过去我不懂手势的妙用，现在我天天练习‘双人舞’，已经养成了习惯。上课发言，与同学交谈，我都不自觉地手舞足蹈，讲话生动形象了很多。越来越喜欢这种讲话的感觉了。”

三是练胆，就是通过主动上台、反复上台，进行笑定、眼定、站定的“三定”训练，练出胆量，治好上台恐惧症——手抖、脚颤、脸红、心跳。练胆的方法将在本书的第二章里详细介绍。

四是练脸，包括练习微笑，练习用眼睛和观众交流，练习讲话时眉飞色舞。通过反复练习，形成微笑的肌肉记忆，养成用眼睛大胆和观众交流以及眉飞色舞的讲话习惯。练脸的方法将在本书的第四章中详细介绍。

五是练脑。一可以练左脑，训练逻辑思维。比如进行言之有序的训练，让学生加上手势来练习这段话：“勤于思，敏于行，要学会‘三道’：第一，闻道；第二，悟道；第三，行道。”说“第一”时，伸出一根手指头；说“第二”时，伸出两根手指头；说“第三”时，伸出三根手指头。反复进行这种练习，就可以使讲话有条有理。养成习惯后，讲话就言之有序了。

还可以通过写“一字悟”的方式来训练逻辑思维。写“一字悟”就是每练习一个单元，写一篇学习感受，要求用一个字来表达观点，用一两百字来举例。通过反复动笔动脑，学生就能学会“一简二活”的讲话技巧，“一简”是指讲话观点简洁好记，“二活”是指举例生动好听。

二可以练右脑，训练形象思维。比如让学生加上手势朗诵“日照香炉生紫烟，遥看瀑布挂前川”的诗句，说“日照香炉生紫烟”时，双手自下而上缓慢托起，眼前就会出现烟霞升起的画面；说“遥看瀑布挂前川”时，双手自上而下做挂帘子的动作，脑海中就会浮现出瀑布的景象。这种练习就可以训练学生的形象思维。

本章我们对讲话能力训练做了一个概要介绍，下面我们就进入本书的正题，详细介绍定耳舞诀法。

第二章

笑定、眼定、站定

——快速克服讲话无胆之妙法

定——笑定、眼定、站定是练胆之法，能够使讲话者迅速具备沉着镇定的心理状态。讲话的胆量是心理素质，属于人的内在因素，但我们可以通过训练讲话者外在的体态语，由外而内改变讲话者的心理素质，使其很快由无胆变为有胆。掌握了“三定法”，就可以达到好声、好身、好运的目的。

无胆是当众讲话的拦路虎

1. 当众讲话的拦路虎——胆怯

无胆是当众讲话的拦路虎，有胆是当众讲话的虎之翼。

一个人无胆，不管讲话内容准备得多精彩，都是茶壶里煮饺子，有口倒不出。两个同样有识的人上台讲话，一个有胆，一个无胆，讲话效果会有天壤之别。我们来看一个女大学生成功应聘华为的故事：

大四的时候，华为到我们学校来开专场招聘会，同学们大都很兴奋。对于华为，我唯一感兴趣的是销售部门，因为我喜欢做销售。

面试是在一个大礼堂里进行的，几十个学生被分成四人一组，每个小组有一个面试官。面试很残酷，只要不入面试官的法眼，或是答不上面试官的问题，面试官就会说“你可以走了”，也就是当场被淘汰。那天和我分在一组的是三个男生。我刚走到面试官面前，还没来得及坐下，面试官只瞥了我一眼，就冷冷地对我说：“你可以走了，我觉得你不合适。”我很震惊，说实话也觉得很没面子。可是我没走，我心想，你根本不认识我，凭什么看一眼就认为我不合适，就让我走？虽然我心里有着满满的不服气，但我并没有吭声，因为我觉得当面“质问”面试官既没礼貌，也显得我很没风度。我想，等面试结束后再与面试官理论也不迟。

另外三个男生都坐下了，我可不管他们是怎么想的，我也坐下了。面试官到底没赶我走，只当我不存在，然后开始对其中一个男生发问：“你感到最得意的一件事情是什么？”可能是因为紧张，那个男生竟不知如何作答，支支吾吾地说自己还没有工作，也没有做出什么特别的成就，所以也没有什么感到得意的事情。我心里很着急，觉得他的回答有点失败，我可不愿意他在第一道坎儿上就被淘汰，于是在边上悄悄地提醒他道：“你可以说一件你在学校里做过的感到满意的事情……”面试官看了我一眼，我也不以为然，心想，你不至于给我加上一条作弊的罪名吧，这种时候该帮人一把的。反正我已经是“不合适”的人了——这应该就叫“无欲则刚”吧。

接下来的形势可不容乐观，三个男生相继被淘汰了，最后桌前就剩下我一个。不过，到了现在，面试官看上去似乎有话要跟我说了，我还是不动声色。终于，面试官开口了：“那三个男生应该是你的竞争者，可我刚才看你一直在帮助他们。你为什么要帮助他们？他们答不上来，不是对你更好？如果他们都被淘汰了，你的机会岂不是就来了？”我说：“我不以为他们是我的竞争对手，如果我们都能通过面试，将来大家可能还是同事，有困难自然是要帮一下的。”

对我的回答，面试官不置可否，又拾起了先前那个话题：“我刚才已经对你说你不合适，可以走了，你为什么不走呢？”

机会来了，是该我说话的时候了，我终于有机会宣泄“不满”了。我对面试官说：“我觉得你并不了解我，所以我要留在这里给你一个了解我的机会。第一，我非常仰慕华为，因为我被华为的企业文化和用人理念所吸引，所以我郑重地投出了我的简历，也很高兴能参加这次面试。可是，我完全没有想到我遭遇到如此当头一棒。第二，我认为你的态度对一个面试者来说很不友善，因为今天我是面试者，明天我可能是你们的员工，更可能是华为的潜在客户。可是，你这样不友善的态度给我留下了深刻印象，今天我可能成不了你们的员工，但明天我有可能不再愿意成为华为的客户。第三，你今天的不友善影响了我对华为的看法，明天还有可能影响到我所有的朋友对华为的看法。你知道，你可能赶走了不少你们的潜在客户！”

这就是一道题，面试通过。

面试官笑了，对我的表现非常满意。因为从一开始，面试官就给我出了一道面试题：如何面对挫折。要知道，这次招聘的是销售人员，在未来的工作中，他将要面对无穷无尽的拒绝和白眼，对方的态度可能会比这位面试官坏好几倍。如果他连面试官还算礼貌的冷脸都无法面对，那他如何面对未来的困难呢？

那位男生因为紧张无胆，脑子一片空白，连一件自己感到得意的事情都想不起来，无法回答出面试官的问题，自然只有败走麦城了。而这位女大学生虽然一开始就遭遇当头一棒，却能够坦然地留下来，并且思路清晰，一展口才，说得面试官口服心服，她的胆和识真让人佩服。

再来看一个舌战议员的故事：

美国华盛顿广场上著名的杰斐逊纪念堂由于年久失修，墙壁被腐蚀，在国会中成为一个议题，很多人主张把纪念馆炸掉。面对众多反对者，一个研究者勇敢地发表了他的看法，并说服了大家。

这个人通过研究发现，纪念堂墙壁腐蚀严重是因为不断用含腐蚀性成分的水清洗，不断清洗是因为纪念堂墙壁上的鸟粪太多，鸟粪太多是因为附近燕子太多，燕子太多是因为纪念堂内有太多蜘蛛供它们捕食，蜘蛛太多是因为飞虫满墙，飞虫太多是因为尘埃太多，尘埃太多是因为阳光充足。最后他得出结论，解决的办法就是拉上窗帘，不让阳光射进来。

结果，大家被他说服了。

如果这个人是一个没有胆量的人，面对众人的反对，他可能就会选择从众，也就无法去研究，并公布自己的结论。正因为他有胆有识，我们今天才可以看到这座白色大理石建筑——《独立宣言》的起草者，美国第三任总统托马斯·杰斐逊的纪念馆——仍然屹立在华盛顿广场上。

胆量就是思维的开关，打开了这个开关，你就能接通思维的电源，思如泉涌，侃侃而谈，超水平发挥；打不开这个开关，你即使再有才，一紧张，脑子一片空白，也会把你准备充分的内容忘得一干二净。

> 有了胆量，才能写得好，也说得好。

讲得好的人一般都写得好，写

得好的人不一定讲得好。

为什么会写不会说？就是因为缺了胆，有胆是能讲好话的前提。

写文章要有文胆，讲话要有话胆。何为文胆？就是“我笔写我心”，敢于把自己的观点用文字表达出来。何为话胆？就是当你拿着自己的讲稿面对观众开口讲话的时候，沉着自信，甚至感到兴奋。对任何一个演讲者而言，沉着自信都是讲好话的前提条件。认真准备，加上话胆，讲话者就能取得预期的效果，甚至超水平发挥。有些人在台下准备得很好，稿子也背得滚瓜烂熟，为什么一上台就忘词，脑子一片空白呢？就是因为他们未具备上台讲话的话胆。

2. 克服讲话无胆，势在必行

（1）90%以上的大学生讲话无胆

我的学生中，讲话无胆的人达到90%以上。我是通过以下两个方法得出这个数字的：

一是开课时的调查。在我教课的北京师范大学珠海分校文学院，讲话课是一门必修课，新生入学，都要学这门课。上第一节课时，我都会先做一个现场调查：请自认为讲话有胆的同学举手。结果60人的班级里，只有一两个人举手。每届四个班，每个班的情况都差不多。

二是期末的统计。我教的演讲课只上一个学期，每到期末，我都会让学生写一份800字的期末作业，谈谈学习这门课的最大收获。我通过统计发现，90%以上的学生都说学习这门课的最大收获是胆量变大了，过去上台讲话无胆，现在可以满怀自信地上台了。

下面来看看我的一位学生梁韵珍是怎样描述自己当初无胆的情

形的：

在我的记忆中，从上小学开始，我就从来没有在课堂上举过一次手。所以，在我的学生情况报告表里，老师给我的评价总是“不爱举手回答问题”。这个不敢在众人面前讲话的毛病，一直到大一的上半学期，我都没有克服。

记得第一次上演讲课，老师让我们上台介绍自己。看着同学们僵硬、紧张的样子，我觉得很好笑。等到自己上台的时候，我也浑身僵硬，脸上没有笑容，讲话断断续续，站也没有站相，当时就觉得自己讲砸了。

我从小就不敢在人前说话。如果有很多人在，我就会很紧张，脸红通通的，说话吞吞吐吐，感觉心怦怦跳，喘不过气来。我苦恼极了，却没有任何办法。

也许是自己胆子不够大，心理承受能力不够强，锻炼不够，当我站在众人面前讲话时，可以用一个字来形容我的心理状态，那就是怕！在台下想得轻松，一站到台上，看到这么多双眼睛看着我，整个人就傻了。

失败呀！

从这位学生自己的叙述中，我们就能深深地感受到她的无奈与无助。

（2）无胆分为全无胆与半无胆

我在教学中发现，细分起来，讲话无胆者可以分为两种情况：一种叫全无胆，一种叫半无胆。

什么叫全无胆？就是台上台下都没有胆量讲话。在台下不敢和同学、朋友说话，未曾开口，脸先红。本来也想和别人面对面交流，又怕说不好被别人取笑，就干脆做“鸵鸟”，完全沉默。面对面都不敢说话，让他上台面对众人讲话，那真比让他上断头台还可怕。长此以往，就形成了自卑、内向的性格。

下面这位同学就是典型的全无胆的人：

回想高中的时候，我是一个十分胆怯害羞的女生，平时与陌生人说话都感到浑身不自在，更别说上台当着众多同学演讲了。

什么叫半无胆？就是台下有胆，台上无胆。平时与同学、朋友面对面讲话眉飞色舞，很有吸引力，一上台，面对众人，就紧张得不得了，像换了个人，没胆了。

下面这位同学就是半无胆的人：

原来我是一个讲话“半无胆”的人，私下和人交流口若悬河，一上台就成了结巴。谢谢老师给我开的“药方”，发自内心地微笑可以给自己信心。经老师一指点，我的任督二脉好像被打通了。嘴角上扬可以帮助一个人行走天下。

我在深圳航空公司讲课时，还遇到一位学员，她说自己面对陌生乘客讲话时有胆、有自信，面对领导和同事讲话时却很慌张，这也是一种半无胆的表现。

3. 胆从哪里来？一回生，二回熟，实践出胆量

为什么少数人在台上讲话可以做到从容不迫、声情并茂，打动观众？这少数人的胆量是从何而来的呢？

讲话有胆不是天生的，而是后天培养锻炼出来的。

著名京剧表演艺术家周信芳的女儿周采芹，是国际著名戏剧和电影演员，英国伦敦皇家戏剧学院的第一名华裔院士。

而这样一位著名的艺术家，第一次上台表演，却吓坏了。那是抗战结束不久时，周采芹在上海一家很大的剧院参加演出。一开始，她不慌不忙地走上台，心想只要按照自己排练好的样子去演就没问题了，谁知当她看到台下黑压压的一片观众时，她的脑子突然一片空白，完全忘记了自己要做什么。她害怕地跑回了幕边。

很快，她被站在那里的老师推回了台上。最后她好歹把歌唱完了，而且赢得了热烈的掌声。虽然这一次的经历不免让人有些尴尬，但那样热烈的掌声对儿时的周采芹来说依旧是一种鼓舞。

这个故事至少可以给我们三点启示：

第一，再好的演员和老师第一次上台，也是没有胆量的。

第二，台下排练得再好，上台无胆，也还是会演砸。周采芹本以为自己没问题，但一上台，还是出了状况。

第三，胆量是在实践中锻炼出来的。周采芹第一次吓得跑回来，第

二次就好歹把歌唱完了。

培养胆量有三种途径：一种是家学，一种是自学，一种是师学。

（1）培养胆量的途径之一：家学

家学就是家长有意识地培养孩子的胆量。

凤凰卫视的著名节目主持人胡一虎就是靠家学练出胆量的。胡一虎上大四的时候，被推选为台湾青年节大会主席，要代表台湾青年上台发表讲话。他在自传《我是谁》中写道：

不禁想到自己小时候第一次在父亲公司的儿童节大会上发言，也是在临上台前，父亲亲自帮我抹平衣服的褶皱，再用水梳顺我的头发，手把手牵着我登上人生第一次的舞台。而之前在家中，他已经帮我“彩排”过许多遍，尽管这只是一个小小的孩子的发言，父亲也格外看重并认真辅导，细致到我的语气、手势和眼神，他都一一示范，亲自把关……

正是父亲手把手的教导，使胡一虎小小年纪就取得了人生第一次上台演讲的成功，也培养出了他的兴趣和自信。

我曾看到一篇文章，讲的是一位妈妈培养三岁儿子胆量的故事。有一位妈妈带孩子参加单位举办的军民联欢活动。一群军人走上台大合唱。这并不是什么正式的演出，就是大家在一起乐一乐，妈妈就对三岁的孩子说：“你敢不敢走到台上给解放军叔叔打拍子？”孩子那时还处于“傻乎乎”的年龄，就真的走到台上给解放军叔叔打起了拍子，还打得很有节奏。

这时大家都乐了，孩子也感觉到自己“不一般”。表演完后，孩子光荣地被解放军叔叔抱下台来。有了这次锻炼的机会，孩子的胆量一下就练出来了，后来常常在学校大会上发言、表演节目，一点都不怯场。

家学练胆，实际上是对父母提出了高要求，从孩子不懂事的时候开始，就要创造条件让孩子练胆，对孩子多表扬、多鼓励，持之以恒地培养孩子的自信心。

（2）培养胆量的途径之二：自学

自学就是没人教，靠自己练习，即使在实践中碰壁，也百折不挠，最后终于练出胆来。

某市体改委（经济体制改革委员会）有一位科长，有胆有识，越是见大领导，讲话越来劲。有一次，他和主任一起向市委常委汇报组建国有资产经营集团的方案，提出要拆行业小公司，组建全市性的国资大公司。

方案一提出，就有常委激烈反对，吓得主任说不出话来。眼看方案要泡汤，这位科长挺身而出，侃侃而谈。他说深圳一家国有控股公司的资产就达100亿元，而他们全市的国有资产加起来不到30亿元，只有拆小庙，建大船，才能抗击风险，使国有资产保值增值。他一番话说服了大家，最后常委们达成共识，通过了体改委的方案。这番发言令市委书记印象深刻，后来这位科长连升两级，被破格提拔为正处级官员。

旁人问他胆从何来，他说自己小时候长在农村，自卑害羞，还未开口讲话，脸先红。上大学后，他突然醒悟，决心锻炼胆量。他踊跃参加社团，不放过任何一个上台讲话的机会，还主动向别人取经，虽屡遭耻笑，但并不放弃，最终修成正果，讲话变得有胆有识。

大凡自学自悟成为演讲高手的人，如林肯、孙中山、恽代英，都是意志坚强的人，靠破釜沉舟的决心练出胆量。

（3）培养胆量的途径之三：师学

师学就是向老师学。

> 条条大路通罗马。有家学，是你的幸运；靠自学，你要有毅力与恒心；跟师学，你要珍惜机缘，马上行动。

卡耐基就是一个教授演讲技能的伟大讲师。1912年，也就是“泰坦尼克”号巨轮在北大西洋冰海沉没的那一年，卡耐基开始教授当众演讲的课程。为了使人们快速有效地掌握演讲技能，他开创了一套独特的，集演讲、推销、为人处世之道和实用心理学于一体的教育方法。他没有受各种呆板规则的束缚，开创了一门非常实用且有意义的课程，这门课程让几百万美国人由自卑变得自信，由不会讲话者变成了演讲专家。卡耐基在改变别人命运的同时，也成就了他自己，他因此而享誉世界，获得了人们这样的评价：除了自由女神，或许只有卡耐基才能代表美国。

向一个好老师学习讲话，你就可以站在老师的肩膀上，快速掌握规律，培养胆量，建立自信，成为一个广受欢迎的讲话者，实现梦寐以求的理想。

4. 从无胆到有胆的训练方法

胆小害怕是当众讲话的第一只拦路虎。怎样降伏这只拦路虎？

胆量属于人的心理素质，因此无胆是一种心病。治心病，有两种办法：一种叫西医式练胆法，一种叫中医式练胆法。西医式练胆法是头疼医头，脚疼医脚；中医式练胆法是内病外治。

（1）西医式练胆法

先说西医式练胆法。西医治病是就事论事，头疼医头，脚疼医脚。没胆属于心病，大部分演讲教材都会用以下几条来宽慰读者，以帮助他们提高心理素质，克服恐惧，增强自信：

①害怕当众讲话并不是个别现象；

②一定程度的恐惧对登台讲话是有利的；

③再出色的演讲者，也会对登台演讲产生恐惧；

④之所以恐惧，是因为不习惯登台。

此外，这些演讲教材还会教读者一些积极的心理暗示方法：

①确信自己的演讲题目有意义；

②避免想那些使自己不安的事情；

③要给自己鼓气。

一般的演讲书籍还会教读者三种消除紧张情绪的方法：深呼吸；握紧拳头，然后放松；放松颈部肌肉。

平心而论，这种西医式练胆法对有一定登台经验的人和心理素质较强的人是有用的，但是对大多数首次登台的人，以及心理调节能力较差，上台受挫后就会产生严重心理阴影的人来说，基本上是没用的。他们需要的是一种循序渐进的内病外治的方法，要看得见、摸得着，能模仿、能练习。

（2）中医式练胆法

再来看看中医式练胆法。中医治病是把人体看成一个相互作用的整体，辨证治疗，内病外治，外病内治。比如中医治疗痤疮，不是单纯开点涂抹的药膏，而是要从肝、胆等内脏器官入手进行调理。针对登台无胆的问题，我在教学实践中采用了内病外治的方法，让学生通过外在体态语的训练来克服这个内在的心理问题。

在教学中，每当讲到练胆这一课时，我都会先做一个示范，让学生感受内心无胆的外在表现。我站在讲台上，低着头，眼睛看着地面，脸上没有一点表情，身体一直晃个不停，小声说道："各位老师，各位同学，大家好。"

然后，我问学生我这样是有胆还是无胆，学生说是无胆。我问他们是从哪里看出来的，他们说从低着头、不敢看观众、身体摇摇晃晃这些肢体语言中看出来。这样，学生一下子就感受到内在无胆会从体态语上反映出来。

上台讲话内心无胆、自卑，观众一定会看出来。这个"看"字很重要，我们没有火眼金睛，看不到讲话者的内心，但是我们能看到他的面部表情和身体的动作，这些外在的肢体语言能准确地反映出他的内心状况。一个人无胆，内心紧张、害怕，心怦怦狂跳，我们一定会从他的肢体语言中看出来：脸上肌肉紧绷，没有一丝笑意，眼睛不敢看观众，手不知道放在哪里，两腿发抖。

概括起来，无胆的人在肢体语言方面常犯三种毛病：笑不定，眼不定，站不定。我们的中医式练胆法就是遵从中医辨证治疗的方法，从纠正外在的肢体语言入手，使讲话者克服内心自卑、无胆的问题。

下面我们来逐一分析"三不定"的毛病，然后再采用"三定法"对症治疗。

5.讲话无胆的外在表现——“三不定”

“三不定”是指笑不定、眼不定、站不定。

我们先说笑不定。笑不定就是上台后不会笑，或者时笑时不笑。凡是上台紧张害怕的人，一定不会笑，或者不会自始至终把笑容挂在脸上。为什么？因为心里一紧张，反映在生理上，全身肌肉都会紧张，脸上的肌肉自然也是紧绷的，这样就必然会给观众一种冷若秋霜的感觉。基督教经典《圣经》里有这样一条黄金法则：你想让别人怎样对你，你也要怎样对别人。你给观众一个冷脸色，观众就会下意识地给你一个坏脸色，你看到观众的脸色难看，就会更紧张，表情就会更加僵硬。

再说眼不定。内心无胆、紧张的人，眼睛一定不敢看人。不看人，看哪里呢？看天花板，或者看地面，或者看手中的讲稿，或者看一眼观众，马上就躲开，不敢自始至终看着观众。眼睛是心灵的窗户，你心里害怕看观众，一定会从眼睛上反映出来。而一个内心充满自信，渴望讲话、渴望表达的人，眼睛一定是放着光的，迫不及待地想用眼睛和观众进行交流。

最后说站不定。站不定有两种情况，一是做不到站如松。由于紧张害怕，手足无措，手没地方放，脚没地方搁，不知道怎样站才好，耷拉着脑袋，含着胸，站得歪歪扭扭。二是不等站稳就说话。因为紧张，恨不得一口气把话说完，所以上台不等站稳就开口说话，刚一说完，就匆匆下台，根本顾不上鞠躬致谢。而有胆的人，一定是站如松；一定是上台站稳，等全场安静之后才开口说话，结束之后，非常从容地走下台。

这“三不定”的毛病，不单在大学生身上存在，很多领导在讲话时也存在这样的问题。

先说笑不定。有一次，我参加一家大企业每年一度的客户答谢会，董事长上台讲话，只见他面无表情地说道："各位来宾，我们今天举办答谢会，是为了衷心感谢大家对我们企业的大力支持。"他讲话的内容是热情洋溢的，但他脸上的表情自始至终是冷冰冰的，嘴角不往上翘，眼中没有任何笑意，你从他的讲话中感觉不到一点感谢的意思。会场很气派，钱也没少花，但就是因为领导讲话不会笑，答谢会的效果大打折扣。

再说眼不定。作为演讲者，你的眼睛应该自始至终像探照灯一样扫视观众，与观众进行交流。我参加过一个版权保护的高峰论坛，三位主讲嘉宾中，有两位都存在眼不定的问题。一位自始至终低头念着自己的讲话稿，从不抬头，在念到"尊敬的××部长，尊敬的××局长，非常感谢你们出席我们今天的会议"时，他也没有抬头看一眼下面的部长和局长，给人一种目中无人的感觉。另一位好一点，会用眼睛和观众交流，但他只看中间的观众，从不看左右两边的观众，没有兼顾全场，给人感觉他虽然目中有人，但只有少数人，没有全场人。这两种表现都给人不尊重观众的感觉，究其原因，并非傲慢，只是因为紧张，没有受过训练。

最后说站不定。有一个专门做媒体数据调查的女老总，在一次调查数据发布会上发言。她非常重视这次讲话，身着很高档的职业套装，大波浪发型也精心吹过，然而站上讲台之后，她就将胳膊肘往讲台上一放，整个人靠在了讲台上，就这样一直把话讲完。这就是站不定。本来往台上一站，应该站如松，两腿并拢，身体保持直立，可是她由于紧张，下意识地想要找个心理依靠，就一直靠在讲台上讲话了。

我还在一场大型会议上看过一个网站领导讲话，在讲话过程中，他老是将手插在裤兜里，给人一种不屑一顾的感觉。其实他平时对人很和善，何况台下还坐着他的领导，这都是因为紧张，手不知往哪儿放。这也是一种站不定的表现。

所以，针对“三不定”的毛病，就要进行“三定”练胆训练。这对讲话者来说非常重要。你在台上讲话，观众不光是用耳朵听你讲，更重要的是用眼睛看你讲，从你的一举一动中接受信息，感受你是沉着镇定，还是紧张害怕。所以，我们一定要进行“三定”训练。

内病可以外治，外治的方法就是“三定法”。什么是“三定法”？就是笑定、眼定、站定。讲话无胆者通过笑定、眼定、站定三方面体态语的训练，就可以克服“三不定”的毛病，成为一个沉着自信的讲话者。

下面我们就分别进行介绍。

快速克服讲话无胆妙法之一：笑定

什么是“笑定”呢？就是让笑容定在脸上。走上台的时候就要面带微笑，在讲话过程中也要面带微笑，讲完话走下台时还要面带微笑。这就是“笑定”。

1. 微笑对观众的两个作用

（1）吸引观众，让其感受讲话者内心的善意和快乐

戴安娜王妃为什么能够受到全世界男女老少的喜爱？在她的葬礼

上，有那么多普通百姓给她献花。她已去世20多年，还有那么多人在缅怀她。她是著名的政治家吗？不是。她是著名的企业家吗？不是。她是著名的艺术家吗？不是。她是微笑专家！她用微笑征服了全世界。

我们来看左边这张照片，戴安娜的微笑是不是很有感染力，让人感觉她就像天使一样。她的牙齿是露出来的，嘴角是翘起来的，眼中充满了笑意和善意。这样的微笑是世界上最好的通用语言，无须翻译，讲任何语言的人都能懂。无须开口，人们已经被她的笑容吸引。

美国钢铁大王安德鲁·卡耐基说，微笑是一种神奇的电波，它会使别人在不知不觉中同意你。在一次盛大的宴会上，一个平日对卡耐基很有意见的商人在背地里大肆抨击卡耐基，卡耐基却表情祥和地站在那里，脸上挂着微笑。抨击他的人发现他的时候，感到非常难堪。卡耐基却依然带着笑容，走上去亲切地跟他握手。后来，这个人成了卡耐基的好朋友。正如雨果所说，微笑就是阳光，它能消除人们脸上的冬色。

我的微笑也给听我讲课的学生留下了深刻印象。在上第一周的演讲课时，我会让全班学生做一个简短发言，先做自我介绍，然后简单说明想要上这门课的原因。我会面带微笑地注视着每一个学生，以示鼓励。平时学生们上台演讲，我也会面带微笑地看着他们。对学生们的演讲进行点评时，我也面带微笑，先肯定优点，再指出不足。期末总结的时候，很多学生都说："老师的微笑给我留下了深刻印象，给了我莫大的鼓励，让我忘记了紧张。"

中央电视台《晚间新闻》节目对北京市有关部门在学生中所做的一项调查进行了报道，调查的主题是"你最喜欢什么样的老师"，结果90%以上的学生说最喜欢面带微笑上课的老师。

观众之所以会被微笑吸引，是因为人的潜意识在起作用。

一是人们潜意识里喜欢带给人快乐的事物。脸上的微笑代表心中的善意和快乐，观众从你脸上看到了你心中的善意和快乐，不由自主就会喜欢你，被你感染。

二是人们潜意识里喜欢积极向上的形象。树木花草充满生机时，枝叶都是向上伸展的，我们就喜欢；而枯黄凋谢时，枝叶是往下垂的，我们就不喜欢。人也一样，朝气蓬勃时，身体是向上挺直的，我们看了自然就喜欢；而心情沮丧时，耷拉着脑袋，勾着腰，我们就不会喜欢。同样，人在微笑时，嘴角是像月牙儿一样往上翘的，眼角也是往上翘的，两颊的肌肉也向上拉，观众一看，自然而然就会喜欢。

（2）征服观众，化解其内心对讲话者的不解和抵触

微笑能让讲话者在不知不觉中征服观众。香港有份杂志刊载过这样一个故事：

小李是一个事业有成的青年，从小继承了数额庞大的家产，年纪轻轻就已经是数家公司的老板。他虽然很聪明，很有才能，却有一些富家子弟的习气，身上总是穿着价格不菲的名牌西装，手腕上戴着一块耀眼的劳力士金表，看起来颇为招摇。他平时为人也非常傲慢，只为自己着

想，所以大家都很讨厌他。

有一天，一个熟人在街头遇见小李，吃了一惊。平时总是身穿名牌服装的他竟然只穿了一件非常普通的T恤，手腕上也没有戴那块耀眼的金表，而换成了一块极便宜的石英表，态度也十分随和，脸上总是带着微笑。

小李为什么会发生这么巨大的转变？这缘于他的一次经历。

数个月前，身穿名牌服装的小李前往一家大型百货公司，想为生病的母亲买一件礼物。由于这两天母亲的病情有了好转，因此他的心情特别好。

当他停好宝马车，准备走出停车场时，一个身材粗壮的男子突然从侧面猛力撞过来。男子不仅没有道歉，还非常凶狠无礼地瞪着小李。以小李平时的脾气，他肯定会冲上前去和男子理论一番。但他那天心情好，所以并没有发火。相反，他像朋友一般向这个男子点头微笑，并说了一句“对不起”。

他微笑的表情和那句“对不起”让这个男子有些惊讶，就在那一瞬间，男子脸上的凶狠表情软化下来。

突然，这个男子转身向外跑去。

小李当时只感到有些莫名其妙，并没有在意，后来才发现自己手腕上的劳力士表已不翼而飞。回家后，小李看到电视上的新闻报道，说当天中午在某栋大厦的地下停车场里发生了一起重大抢劫案，抢匪砍伤了一个驾驶着豪华跑车的老板，抢去了许多贵重物品。

当屏幕上播放出这个抢匪的照片时，小李惊讶地发现，原来这个抢匪正是那个无礼碰撞自己的男子！显然，如果自己当时与他冲突起来，很可能也会被他砍伤。

望着事主满脸鲜血的惨样，小李不禁想，究竟是什么让这个凶狠的抢匪放弃了伤害自己的念头呢？也许就是自己当时的微笑——像朋友一般真诚的微笑。

微笑可以使抢匪软化下来，更不用说台下的观众了。

讲话者往台上一站，实际上就开始了和观众的博弈，不是讲话者征服观众，就是观众征服讲话者，而微笑就是讲话者征服观众的有力武器。

于丹在《于丹〈论语〉心得》一书中讲过一个茶师战胜浪人的故事：

日本江户时期，有一位著名的茶师。有一天，茶师显赫的主人要去京城办事，舍不得离开茶师这么多天，就跟茶师说，你跟我一起去吧，每天给我泡茶喝。那个时期是一个很纷乱的时代，所以这个茶师很害怕，就跟主人说，你看我又不会武艺，路上遇到点事可怎么办？他主人说，没关系，你打扮成武士的样子，挎一把剑不就行了嘛，你就跟我走吧。茶师就战战兢兢地换上武士的衣服，跟着主人走了。

到了京城，主人去办事了，茶师就自己去外面溜达。一出门，就碰上了一个浪人。浪人上来挑衅，说你也是武士，咱俩比比剑吧。茶师只好老老实实地说自己就是个茶师，不会武艺。谁知这个浪人得寸进尺，说你既然不是武士，那你穿着武士的衣服就有辱武士的尊严，我就更应该跟你比，你就更应该死在我的剑下了。茶师想了想，对浪人说，你看我主人交代给我的事还没办完，你宽限我几小时，今天下午我们还在这里见面。浪人想了想，就答应了。

浪人走后，茶师直奔京城的大武馆。到了武馆一看，所有想学剑的人都在门前排队。他来不及等，分开人群就冲进去，直奔武馆的主人面前说，求你教给我作为武士的最体面的死法。武馆主人十分惊诧，说所有来我这儿的人都是为了求生，你是第一个求死的，你是为了什么？

茶师说他是个茶匠，只会泡茶，但是今天他遇到了这样一个情形，不得不跟对方决斗，他想死得有尊严一点。

武馆主人说，既然你是一位茶师，那你为我泡一壶茶吧。

茶师想到这可能是自己在世上最后一次泡茶，很伤感，所以很用心。他沉静从容地看着山泉水在小炉上烧开，然后把茶叶放进茶壶里，洗茶、滤茶，最后把泡好的茶小心地倒进杯子里，捧给武馆主人。

武馆主人一直看着他完成泡茶的整个过程。喝了一口茶，武馆主人说，这是我一生中喝过的最好的茶，我可以告诉你，你不必死了。

茶师说，你要教我什么吗？

武馆主人说，我什么都不教你，你只要记住，用泡茶的心去面对那个浪人，就可以了。

于是，茶师就回去了。到了约定的地点，他看见浪人已经在那里等他了。浪人很嚣张，拔出剑来说，你来了，那我们就开始比武吧。

茶师心里想着武馆主人说的那句话，所以他并不着急，面带微笑地看着对方，然后从容地把自己头上的帽子取下来，端端正正地放在旁边，又脱下身上的外衣，仔细叠好，压在帽子下。接着，他又拿出绑带把自己里面衣服的袖口扎紧，又把裤腿也扎紧。整个过程中，茶师始终气定神闲。对面的浪人越看越慌张，因为他不知道眼前这个茶师的武艺到底有多强，其实他是被茶师泰然自若的举动吓得心虚了。

茶师装束停当，拔出剑来，挥向半空，然后大喝一声，停在了那里，因为接下来他也不知道该怎么办了。

就在这个时候，浪人扑通一声跪了下来，对茶师说，求你饶命，你是我这辈子见过的武艺最强的人。

茶师通过微笑展现了他的勇敢与镇定，于是不战而屈人之兵。

微笑能让人兵不血刃地征服对手，更不用说征服观众了。

2. 微笑对讲话者的四个好处

（1）微笑对讲话者的好处之一：好声

好声就是声音好听。一微笑，面部、颈部、肩部、胸部、腹部就都放松了，气息下沉到丹田，一下子就上下打通，没有任何阻碍。另外，微笑时，两颊的肌肉往上拉，口腔自然就打开了，共鸣腔大了，声音就圆润了。微笑还能使吐字更清晰，因为微笑的时候，舌根后缩放松，舌头自然就灵活了。

（2）微笑对讲话者的好处之二：好脑

好脑就是思维敏捷。一微笑，整个脸部肌肉放松，太阳穴处的肌肉也就放松了。太阳穴是头部的重要穴位，达摩秘功中将按揉此穴列为“回春法”，认为常用此法可使大脑保持活力，有返老还童的功效。微笑就是在给太阳穴按摩，大脑马上就会觉得轻松，思路一下子被打开，才可能有精彩的即兴发挥。而一严肃，脸上的肌肉就紧张，太阳穴也跟着紧绷，大脑就紧张、发木，思维马上就停滞，什么也想不起来。

20世纪90年代初，杨澜应邀在广州主持第九届大众电视“金鹰奖”颁奖晚会，在报幕退场下台阶时，不小心跌倒在地。这一意外顿时使场内一片哗然。然而，杨澜迅速站起来，面带笑容地对观众说：“真是人有失足，马有失蹄呀！我刚才狮子滚绣球的节目表演得还不够熟练吧？看来这次演出的台阶不那么好下啊！但台上的节目很精彩。不信，瞧他们的！”话音刚落，全场观众为她机敏的反应热烈鼓掌，有的观众还大声喊：“广州欢迎你！”

正是微笑使杨澜大脑放松，灵感突现，妙语脱口而出。如果她手足无措，一脸尴尬，一定会大脑一片空白，说不出话来。

（3）微笑对讲话者的好处之三：好身

好身就是身体好。常言道，笑一笑，十年少。此话虽然简单，却蕴含着科学道理。

著名国学大师南怀瑾生于1918年，活到94岁高龄才去世，真的是鹤发童颜，仙风道骨。他在与美国管理学大师彼得·圣吉关于禅、生命和认知的对话中说：

你这样做时，要学会一个动作，非常重要，嘴巴张开笑，因为脸上神经都会拉开，脸上神经拉开，你就会开心……大家先学会笑，不会的每天把脸拉一拉。所以中国的道家做功夫有句最好的话：“神仙无别法，只生欢喜不生愁。”我看你们诸位，很多都很严肃，我们中国土话讲，这些脸都是“讨债的面孔”。所以人与人之间一笑，很多事情都解决了。

……人家说南老师真好，他那么大年纪看到别人都在笑。什么笑啊！我是在拉自己的神经。你把自己脑神经一拉，放松，就很少生病，而健康长寿了。

中医讲通则不痛，痛则不通。一微笑，浑身放松，全身的经络就通了，自然就不会这里痛那里痛了。而一个整天愁眉苦脸的人，肌肉紧张，全身的经络也不会畅通，时间长了自然就会生病。心理学专家认为，癌症是一种与性格有关的疾病，性格内向、郁郁寡欢的人最容易得癌症。心理上的疾病一定会转化为生理上的疾病，比如我们很苦恼、很郁闷、很悲痛的时候，就会感到胃不舒服，吃不下饭。微笑的时候，会产生良性激素，而良性激素能让人心情好，心情好了，身体自然就好了。

（4）微笑对讲话者的好处之四：好运

好运就是有好运气。只有常微笑的人，才会有好运气。一个天天以冰冷示人的人，是不会有好运气的。

还记得我们前面提到的《圣经》里的黄金法则吗？你想要别人怎么对待你，你也要怎么对待别人。这是人的一种自然反应。你对别人微笑，别人也会对你报以微笑；你横眉冷对别人，别人也会横眉冷对你。人们只会去帮助一个向自己示好的人，而绝不会帮助一个向自己示恶的人。

生命中的贵人不一定是达官显贵，也不一定是亲朋好友，往往是那些和你有一面之缘的人。而这些贵人之所以愿意帮助你，就是因为觉得你面善。

有位记者告诉我，来到特区工作是他职业生涯的一个重要转折，正是特区精彩的生活使他的新闻作品连连在全国获奖。而他能来特区工作，完全是缘于一位与他有一面之缘的朋友的帮忙。1987年时，他还在河南一个地级市报社做记者，到武汉参加一个业务交流会，认识了一位武汉的报社记者，这位记者后来调到了特区报社。而到特区工作是他当时朝思暮想的事情，因此他冒昧地给这位开会时认识的记者写了一封信，希望他帮忙介绍自己到特区报社工作。最后就是这位朋友牵线搭桥，他才如愿调到了特区。

他说，这位朋友当时之所以愿意帮他，就是因为他给对方留下的印象好，因为他爱笑，看起来很面善。

在大千世界，你会和很多人有一面之缘，而要珍惜这种一面之缘，就要学会微笑面对每一个你遇见的人。你不知道谁会成为你的贵人，但他一定在你微笑面对的人中。

3. 微笑的两个要点

（1）要眉开眼笑

怎样才能眉开眼笑呢？对着镜子发“引”这个字的音。

照相的时候，为了使脸上有笑容，大家都会说“茄子”。是啊，人人都想留下一张美好的笑脸。不过，经过仔细研究，我发现说“茄子”时，虽然嘴角是往上翘的，两颊的肌肉是往上拉的，但是眉眼的肌肉并没有动，因此看起来是皮笑肉不笑的。

在对着镜子体会发“引”字的音时，我发现我的眉头舒展了，眼角往上抬起，真正“眉开眼笑”了。为什么呢？因为“引”字是前鼻音，发音时，鼻子的肌肉一动，自然就带动眉眼的肌肉运动。而“茄子”的“茄”字是边音，发音时只是嘴角的肌肉动，不会带动眉眼的肌肉运动。而且，发“引”字的音，收音时，嘴角刚好是翘起的。

所以，后来我就把练习“引”字发音作为作业，要求不会笑的学生每天对着镜子练习20遍。

我的一位学生在期末作业里讲到了他练习“引”字发音的效果：“老师说我讲话时笑容不定，表情很僵硬。从那以后，我就坚持对着镜子练习说‘引’字。虽然有时候也觉得自己很滑稽，但一想到这样会让我拥有自然的笑容，我就会坚持下去。开始练习的时候，脸部的肌肉很酸，练了一段时间，就有了效果，现在我一上台讲话，就会面带笑容。”

（2）要三笑合一：心笑、眼笑、嘴笑，缺一不可

有部电影叫《三笑》，讲的是江南才子唐伯虎追求婢女秋香的故事。我在这里借用一下电影的名字，我们在讲话时，也要做到“三笑”。

大家可以对着镜子体会一下，笑的时候，只是嘴角翘起，眼睛的肌肉不动，是什么感觉？嘴笑眼不笑，就是假笑、干笑。发自内心微笑的

时候，不光嘴角会上翘，眼睛也会眯起来，眼里是满含笑意的。

要真笑，就一定要眼笑，而要眼笑，就要心笑，因为眼睛是心灵的窗户。怎样才能心笑呢？就是要从心底里对人有一种善意，尊重观众，乐意和观众进行沟通。

只有心笑，才能嘴笑眼也笑，这才是真笑。

4. 练习微笑的材料和方法

我们可以通过说“引”字和“笑”字来练习微笑。练好这两个字，就学会微笑了。

（1）练习说“引”字

练习说“引”字的好处前面已经讲过了，可以让人真正“眉开眼笑”。

练习方法：对着镜子，每天用耳语练习100遍。

为什么要对着镜子练呢？因为对着镜子练，可以看到标准的微笑形象，在脑子里形成视觉记忆，以后再练习微笑的时候，就会想到这个标准的微笑形象，从而进行调整。

我的一位学生充分体会到了对着镜子练习的好处，她说：“在一次次对着镜子练习的过程中，我慢慢看清了自己的优点和缺点。通过与镜子中的自己对视，我逐渐找到了信心，在和别人交流时，敢于与对方对视了。想不到每天对着镜子练习一个简单的表情，竟有如此神奇的功效。”

为什么要用耳语练？因为用耳语练，有一箭双雕的效果，既练了气息，又练了微笑。

为什么要每天练习100遍呢？因为练习微笑其实也是一种肌肉记忆训练。不苟言笑的人，并非不会笑，而是脸部肌肉长期不动，已经僵硬了，笑也只是在心里笑，脸上看不出来。如果练习次数太少，肌肉运动持续的时间太短，就不能形成肌肉记忆。每天对着镜子练习100遍，经过21天左右的时间，就能形成肌肉记忆，养成微笑的习惯。

（2）练习说“笑”字

练习方法：对着镜子，每天用耳语练习100遍。

我们可以对着镜子来体会说“笑”和“哭”这两个字时的表情。说“笑”字的时候，是眉开眼笑的；说“哭”字的时候，眉眼是挤在一起的，一副愁眉苦脸的表情。这说明什么？说明面部表情会受到语言的影响，说“笑”的时候，脸上的表情是愉悦的；说“哭”的时候，脸上的表情是悲伤的；说“愁”的时候，脸上的表情是愁苦的。

每天对着镜子练习说“笑”字，既能锻炼笑肌，又可以强化微笑的潜意识。

快速克服讲话无胆妙法之二：眼定

什么叫“眼定”？就是在台上讲话时，眼睛始终看着观众，和观众进行交流。眼定是当众讲话能取得成功的秘诀之一。

1. 通过眼神交流展现自信和沉着

为什么眼定能展现自信和沉着？原因就是我们都非常熟悉的那句话：眼睛是心灵的窗户。透过眼睛这扇窗户，我们可以看到一个人的内心。眼睛不敢看观众，说明内心胆怯；眼睛敢于直视观众，说明内心自信、沉着。一个人眼神飘忽不定，看人一眼马上就闪开，或者干脆不敢看人，就说明这个人内心很胆怯，不自信。

“眼睛是心灵的窗户”绝不是一个富有诗意的比喻，而是有生理科学依据的。人的大脑中一共有12对神经，其中有6对神经与眼睛有关。我们的眼睛之所以会转动，是因为这些神经在支配我们眼部的肌肉运动。

营销培训专家孙路弘曾讲过一个案例。法国有一部破案电影，讲的是侦破一桩游乐场杀人案的故事。一个小女孩在摩天轮上被害，凶手是她的母亲。警方是怎么破的案呢？就是通过观察这个母亲的眼睛，发现她在说谎。人在说谎的时候，眼睛会往右上方看。这个母亲在描述女儿死亡的情况时，眼睛是往右看的，警方以此为突破口，把案破了。

孙路弘以这部电影为例来告诉销售人员要善于观察顾客的眼睛。如果你问顾客喜欢什么颜色的汽车，顾客说红色的时候，眼睛往右看，就说明他在说假话。如果顾客说红色的时候，眼睛往左看，就说明他真的喜欢红色的汽车，你就要全力跟进。

了解了眼睛和心灵的关系，就理解了眼定的重要性：一个人内心充满自信，我们就一定可以从他的眼睛中看到他的自信。

2. 讲话者眼定的好处

（1）眼定的好处之一：尊重人

我们先来看一张照片。

据英国媒体报道，一项研究发现，微笑和直接的眼神交流能够增强一个人的吸引力。研究人员选择了一些不同表情和姿态的照片，包括微笑、皱眉、把脸转到一边以及直视观察者等，并且让苏格兰斯特林大学以及阿伯丁大学的460名观察者看这些照片，然后让他们对这些照片的吸引力进行评级。结果显示，右边这张照片最受好评。这位年轻的女性直视观察者，并且面带微笑，因此最具吸引力。因为对方面带微笑地看着你，你就会感到受尊重，所以会被吸引。

在著名作家陈建功身上，这一点也得到了验证。我曾经主持过一次陈建功的文学讲座，和他有过接触。他在和我讲话的过程中，一直面带微笑，眼睛专注地看着我，让我觉得非常亲切，如沐春风。一位记者曾这样描写陈建功："不加染饰的花白头发，和蔼微笑的脸上却有着他习惯性的半锁着的眉头……语速似他的思维，快而逻辑性极强，边讲话还边认真地盯着你看，透着邻家大叔的敦厚与热情。"

正因为陈建功有着"和蔼微笑"的脸，"边讲话还边认真地盯着你看"，他才给这位记者留下了"敦厚与热情"的印象。

如果你双目有神地看着观众，他们感到受尊重，就会不自觉地被你吸引；如果你不敢直视观众，观众感到被冷落，就会窃窃私语、交头接耳，或者心不在焉。总之，你就无法吸引住观众的注意力。在眼定的训练中，我要求学生的眼睛要像探照灯一样，一直在观众脸上扫视，这样就可以让观众感受到讲话者对他们的尊重和关注。

（2）眼定的好处之二：吸引人

道家对人的精、气、神有个比喻：人身所藏之精，譬如油；人身之气，譬如火；其光亮，譬如神。人身上最有光亮、最有神的部位就是眼睛。进行眼定的训练，就可以使双目炯炯有神，吸引住观众。

讲话者的目光与观众的目光其实是在进行一场博弈，你强我就弱，你弱我就强。不敢用眼睛与观众进行交流的人往往有一个误解，就是觉得台下的观众都在讥笑他，所以他不敢看观众。

我的一位学生在作业中写道："过去我一直认为台下的同学看我的目光是冷的，可是当我按照老师的要求大胆抬起头来看台下的时候，我看到的是同学们温暖而充满鼓励的目光。"一旦你敢于大胆地看观众，观众就会用一种信任和仰视的目光来看你。

害怕看台下的冰冷目光，就会如芒在背，不敢看观众；不敢看观众，就无法控制观众，就会被观众压得抬不起头来。对一个沉着自信的人来说，用眼睛与观众交流是控制场面的主要手段。《老残游记》中描写说书人王小玉出场时写道："那双眼睛，如秋水，如寒星，如宝珠，如白水银里头养着两丸黑水银，左右一顾一看，连那坐在远远墙角子里的人，都觉得王小玉看见我了。"这王小玉未曾开口，就先用眼睛一下子把全场观众牢牢吸引住了。

（3）眼定的好处之三："控制"人

"控制"人就是用目光来掌控会场。

在以下两种情况下，眼定能起到很好的控场作用：一是刚一上场，先不讲话，先用眼睛看着观众，观众很快就会安静下来。我主持晚会的时候，上台后，观众越多，我看观众的时间越长，这样观众慢慢就安静下来了，这时我再开口讲话。

二是讲话过程中，看到台下哪一片在开小会，就看向哪个方向，不一会儿观众就会感觉到，慢慢就会安静下来。

著名小学语文特级教师于永正有一个用眼睛控场的例子：

一天，于老师给学生上作文课，内容是“学古文，编故事”，学校老师都来观摩，教室后面坐得满满的。于老师先教学生一篇古文《凿壁借光》。在讲解的时候，他发现有两名学生在底下讲话，而且声音很大。若是平时，只需提醒一句就行了，但今天后面坐了那么多老师，这样做会使学生难堪。于是，于老师突然停止讲课，用眼睛看着那两名学生。教室里瞬间出奇地安静，那两名学生抬起头，看向讲台。当他们的目光接触到于老师的目光时，他们立刻明白了一切，马上坐得端端正正的。这时，于老师才开始继续讲课。

此处无声胜有声，用目光来提醒学生，既维护了学生的面子，又起到了维持课堂秩序的效果。

3. 练习眼定的方法和要求

既然眼定对上台讲话者来说如此重要，下面我们就教大家练习眼定的方法。

练习眼定的方法主要有三种：一是睁眼法，二是看眼法，三是兼顾观众法。

（1）练习眼定的方法之一：睁眼法

练习方法：在眼睛前上方三到五米处找一个点（绿色最好，黑色也可以），睁眼看一秒钟，然后闭眼一秒钟，再睁眼看一秒钟，再闭眼一秒钟，如此重复，每天早晚各练习100次。

练习睁眼法有以下三个好处：

一是能让眼皮不松弛。说起来，我自己练习睁眼法也是被逼出来的。年过五十之后，我的脸部肌肉越来越松弛，眼角开始往下耷拉，变成了三角眼，上台主持也好，表演节目也好，形象受到了影响。后来我看了一个电视访谈，一位年过六旬的京剧演员双目炯炯有神，眼皮一点也不松弛。他介绍说，他每天都要瞪大眼睛盯着一个地方看半个钟头，几十年如一日地练习。于是，我下定决心练瞪眼，想让松弛的眼皮恢复紧致。

开始练的时候，眼部肌肉松弛，眼睛睁起来很困难。坚持练了一个月，就感到眼部肌肉有力了。到了三个月的时候，我一照镜子，发现我的眼睛基本恢复成了圆眼。上台后，我的形象好了很多，自信心也增强了。

二是能让眼睛有神。我们可以自己体会一下，看东西时，如果没有目标，我们的眼神就是散的，而盯着一个点看，眼睛聚焦，自然就有神采了。放大镜能把纸张点燃，就是因为把太阳光聚集到了一个点上，使这一点的温度升高，纸张就被点燃了。

我也是偶然发现练习睁眼法可以使眼睛有神的。年轻的时候，我练过舞蹈，演过话剧，后来又学播音，做主持人，但从未专门练过眼神。年纪大了以后，我的眼睛就显得更没神了。有一次，我观看自己上课的录像，突然发现我的眼睛比过去明亮有神了。什么原因呢？我想了想，这一定是我半年来坚持练习睁眼法的结果。

另外，练习睁眼法，还能让人在锻炼眼神的同时锻炼定力。因为每次练习睁眼闭眼100次，非常枯燥，坚持下来，对人的注意力和定力都是很好的锻炼。

三是能让眼睛看起来黑白分明。年纪大了以后，血液循环变慢，眼睛中的红血丝越来越多，眼睛就变得浑浊，看起来不黑白分明。而通过练习睁眼法，眼球得到运动，血液循环加快，眼睛里的红血丝越来越少，就显得黑白分明了。

无论是年轻人还是老年人，坚持练习睁眼法，都可以让眼睛黑白分明，往台上一站，双目炯炯有神，一下子就能吸引住观众的目光。

（2）练习眼定的方法之二：看眼法

练习方法：目不转睛地看着镜子中自己的眼睛，用耳语练习下面的材料，每天早晚各练习20遍。

练习材料：

①王老师，早上好！

②绕口令《四是四》：四是四，十是十，十四是十四，四十是四十，谁能说准十四、四十、四十四，就请谁来试一试。

③绕口令《真稀奇》：稀奇稀奇真稀奇，麻雀踩死老母鸡，蚂蚁身长三尺六，八十岁的老头躺在摇篮里。

看着镜子中自己的眼睛讲话，一可以使人精神专注；二可以使人在讲话时有对象感；三可以让人有互动感，越练越来劲。

（3）练习眼定的方法之三：兼顾观众法

练习兼顾观众法，可以提高用眼神兼顾全场观众的能力。练习的时候，要坚持循序渐进的原则。

练习方法：

①一对一练习。两个人面对面，其中一个人看着另一个人的眼睛说“你好”，对方当观众配合。练习20遍，然后两个人互换角色练习。

②一对二练习。一个人面对两个人说“各位老师，各位同学，大家好”。先看着左边那个人的眼睛说“各位老师”，再看着右边那个人的眼睛说“各位同学”，然后面向中间，眼睛兼顾两边说“大家好”。练习20遍，然后三个人轮换。

③一对三练习。一个人面对三个人说“各位老师，各位同学，大家好”。先看着左边那个人的眼睛说“各位老师”，再看着右边那个人的眼睛说“各位同学”，然后面向中间的人，眼睛兼顾两边说“大家好”。然后四个人轮换。

先一对一练习，再一对二练习，然后一对三练习，这样循序渐进，形成习惯，上台后眼睛就会兼顾全场观众了。后面我们还会教大家综合练胆法，让大家对笑定、眼定、站定进行系统训练。

练习兼顾观众法的要求：面带微笑，用耳语练习，每天早晚各练习20遍，直到形成肌肉记忆为止。

最后我们纠正一种错误的练习方法，即看着对方的鼻子或头顶练习。

很多教演讲的人都说，为了克服不敢看观众的毛病，我们可以看着别人的头顶或鼻子来练习讲话。

美国职业演讲人马尔科姆·库什纳在《公众演讲》一书中批评了两种克服紧张的方法，他说，在很多大学的公众演讲课中都有一个说法，就是如果讲话者觉得看着听众的眼睛会紧张，那就看听众的头顶，他们不会发现区别。还有一种说法，就是看听众的鼻子。马尔科姆·库什纳批评说，这两种说法都是很荒谬的。

马尔科姆·库什纳的批评是对的，但他没有指出为什么不能这样做。

为什么不能看着观众的鼻子或头顶讲话呢？因为讲话时看着观众，主要是为了与观众进行交流和互动。看观众的头顶，头顶有反应吗？看观众的鼻子，鼻子有反应吗？只有看着观众的眼睛，才能了解观众对讲话的反应，才能从观众那里获取信息，与观众进行互动交流。所以，在练习眼定的时候，一定要对着人的眼睛练习，而不能对着人的头顶或鼻子来练习。

快速克服讲话无胆妙法之三：站定

什么叫“站定”？就是上台后要站如松，站定三秒钟再开口讲话，讲话结束后，停三秒钟再下台。

1. 站定的两个标准

站定有两个标准：一是站直，二是站稳。

有人曾经说，一个公众演讲者应该大声讲话才能被听见，应该站得直才能被看见，应该适时地停止讲话才能被喜欢。这三句话中，第一句话放在过去是对的，现在则不一定对，因为现在有了麦克风，你不需要大声讲话，观众也能听见。而第二句话和第三句话从古到今都是对的，一个演讲者在台上讲话时，要站直，要学会停顿。我们这一节的站定训练就可以帮助读者解决站直和停顿的问题。

（1）站定的第一个标准：站直

俗话说，站如松，坐如钟，行如风，卧如弓。站如松就是对讲话者在台上的站姿的要求。我的一位学生在站定训练的感想中写道："'行如风，站如松'的台风是自信的表现，我们上台的时候，挺直腰背，面带微笑，马上就能展现出很强的个人魅力。"

站直有"三好"的作用：印象好，声音好，身体好。

第一是印象好，就是能给观众留下好印象。

一位老兵讲过一个自己亲身经历的故事：

从小母亲就教育我要站如松，坐如钟，但我没当回事。直到有一天，我看了一部电影，是李连杰主演的《少林寺》，才知道练武的人很讲究站如松、坐如钟、行如风。我很崇拜练武之人，于是我拜了师傅，练起武来。可惜我不是那块材料，吃不了那个苦，结果半途而废了，但站如松、坐如钟、行如风的习惯保持了好长一段时间。

记得我参军不久，连长说，这小子站有站相，坐有坐相，是块材料。果不其然，我当了八个月的兵，就当上了班长。这可是越级提拔，从新兵蛋子越过副班长，直接当上班长。这件事在连队里引起了不小的震动。

我是当过兵的人，知道入伍八个月的新兵蛋子当上班长，那真是坐着火箭往上升，很少见。连长对他的提拔难道是出于武断吗？绝不是。给人的第一印象是非常重要的，刚入伍的新兵一般都是松松垮垮的，言行举止没有个当兵的样子，而唯独他能站如松，自然就显得精神，显得出众，就给连长留下了好印象。

在心理学中，有一个概念叫“第一印象效应”，就是人们所形成的第一印象对今后的认知所产生的影响。有一位心理学家曾做过这样一个实验：他让两个学生都做对30道题目中的一半，但是让学生A做对的题目尽量出现在前15题中，而让学生B做对的题目尽量出现在后15题中，然后让一些实验对象对两个学生进行评价。两个学生相比较，谁更聪明一些？结果显示，多数实验对象都认为学生A更聪明。这就是第一印象效应。

上台讲话，给观众的第一印象也很重要。这个印象首先是视觉上的，因为你一登场，观众不是先听到你的声音，而是先看到你的形象。未曾开口，站相如何，观众一看，就会对你有一个基本判断。如果你站如松，观众马上就会对你充满信心和期待；如果你站得歪歪扭扭，观众马上就会有三分瞧不起，对你没了兴趣。

想给观众留下沉着、自信、干练的第一印象，就要练习站如松。

第二是声音好。只有站得直，腰部挺起来，丹田才能用上力，气息才会通畅，声音才会洪亮。如果站得歪歪扭扭，前含胸，后驼背，气息就不通畅，声音自然不好听。播音员和歌唱演员练声的时候，从来都是站直身体，挺胸收腹；歌唱家在台上演唱的时候，也从未见过哪个含胸驼背的。

第三是身体好。科学家研究发现，挺胸抬头可以使肺活量增加20%左右，使人不易疲劳，还可以减少腰背酸痛和脊柱弯曲。无论是年轻人还是老年人，都需要站如松、坐如钟，要挺起胸膛来，不要一碰到麻烦事就垂头丧气，直不起腰来，时间长了，就会影响身体健康。

经络研究专家蔡洪光老师也从中医经络理论的角度解释了腰板直的好处。通过对广西永福县30位百岁老人的研究，他发现这些老人有一个共同的特点，就是腰板直，背不驼。腰板直有什么好处呢？就像高速公路一样，如果弯道多，车就跑不快，人一驼背，经络就不通畅，寿命就不长。腰板直，经络通，才能长寿。

（2）站定的第二个标准：站稳

站稳就是上台后，站定三秒钟再开口说话。为什么要站定三秒钟再开口说话呢？这样做有“三稳”的作用：稳场，稳神，稳口。

第一是稳场，就是让全场安静下来。

讲话会场和演出会场完全不同，演出会场要热闹，讲话会场要安静。歌星登台表演，人还未出场，就大喊道：“观众朋友们，你们好吗？”因为歌星登台表演要的是人气，所以要营造热闹的氛围。而讲话者登台讲话，观众要听的是讲话内容，会场要安静，观众才能听清楚，所以要稳场。

怎样稳场呢？有两种办法：一种是有声法，就是主持人要求台下安静下来；另一种是无声法，就是讲话者上台后先不开口，等待观众安静下来。

对一个有经验的讲话者来说，常用的是第二种办法。我自己做主持人的体会是，主持大型活动，一定要面带微笑上台，上台后先不要说话，静静地等待观众安静下来。会场的人越多，你站定的时间就要越长，此处无声胜有声，你不开口，观众反而更加期待，自然就不再说话，安静下来。如果上台后，下面还未安静下来，你就开口说话，观众就会听不清。一听不清，就会交头接耳，现场秩序就会更加混乱，形成恶性循环。

所以，上台后站定三秒钟再开口说话，能起到很好的稳场效果。

第二是稳神，就是让自己平静下来。

上台后站定三秒钟再开口说话，可以定心和移心，从而起到稳神的作用。

先说定心。我们来看一个故事：

有一个木匠和他的徒弟们在自己家的院子里干活，每天从早到晚，院子里锯木、刨木声响成一片，地上堆满了锯末、刨花。一天晚上，这个木匠站在一个很高的台子上，和徒弟两个人拉大锯，锯一棵大树。拉来拉去，拉来拉去，突然，木匠手腕上的手表表带断了，手表掉到了地上的刨花堆里。

当时手表可是贵重物品，这个木匠赶紧停下来找，他的徒弟们也打着灯笼帮他一起找，可是地上的刨花太多了，怎么找也找不到。

木匠没办法，就说算了，不找了，等第二天天亮再找吧。于是木匠就让徒弟们回去，自己收拾好工具，准备睡觉。过了一会儿，他的小儿子跑过来说："爸爸，你看，我找到你的手表了！"

木匠很奇怪，问道："我们这么多人打着灯笼找了半天都找不到，你是怎么找到的？”

小儿子说：“你们都走了，我一个人在院子里玩。没人干活了，院子里安静下来。我忽然听到嘀嗒、嘀嗒的声音，就顺着声音找过去，一扒拉刨花就找到手表了。”

只有静下来，我们才能听到手表指针走动的声音。同样，讲话者上台之后，只有站定，心才能静下来。

人们常说“镜中花，水中月”，而看到“水中月”是有前提条件的。风平浪静时，水面如镜，我们就能看到静影沉璧的景象，而如果“风乍起，吹皱一池春水”，我们就看不到水中的一轮明月了。人心如水，你快步走上台，不等心里平静下来就开口说话，十有八九会出错。而上台后站定三秒钟再开口，就能让你的心由动变静。心静后，你才能思维清晰，把注意力集中到讲话上。

儒家经典《大学》开篇即写道：“知止而后有定，定而后能静，静而后能安，安而后能虑，虑而后能得。”意思是知道了应达到的目标，才能有定力；有了定力，心才能静下来，不会妄动；心不妄动，才能随遇而安；随遇而安，处事才能思虑周详；思虑周详，才能合理选择，有所收获。

这虽然讲的是儒家的修为之道，但对我们学习当众讲话也是一个很好的启示。讲话前一定要先定心，定住心才能思维清晰，讲话才能讲出水平。

再说移心。移心就是把注意力转移到讲话内容上，以消除紧张感。

有的人一上台就紧张害怕，是因为他满脑子想的都是紧张害怕，注意力完全不在自己的讲话内容上，以至于不知道自己在讲什么。我的一位学生第一次上台讲话，竟闹过这样的笑话。他上台后，开口说道："各位老师，各位同学，大家好！今天我来谈一谈我为什么喜欢上朗讲与演诵课。"大家已经笑得前仰后合了，他却浑然不知自己说错了什么。

还有的学生上台后向大家问候，明明该说"晚上好"，却张嘴就说"下午好"。这都是因为把注意力放错了地方，没有放在要讲的内容上，而放在了紧张害怕上。

那么，怎样将注意力从紧张上拉回来呢？站定三秒钟再开口就是一个行之有效的办法。

心理学上有一个训练注意力的方法，如果你不能使大脑保持绝对冷静，那么你可以先把注意力集中到思考一件事情上，即只考虑一个问题。这里并不是要你思考解决这个问题的一系列方法，而是要你把注意力集中在这个问题上，就像你目不转睛地盯着某个东西一样，只关注这一个东西。这样坚持训练10天，你就会发现自己的进步。

站定之后，默数三秒，可以转移注意力，克服紧张心理。当你慌慌张张上台的时候，你的注意力都集中在紧张上。这时候你面带微笑，开始数"一，二，三"，你的注意力就被强制转移到了数数上。一旦你把注意力从紧张的惯性中拉出来，你马上就会放松下来，稳住心神。心一定，你就会专注于你的讲话内容。

第三是稳口。站定后，脑子思考在先，张口在后，这样讲话才不容易出错。

有一个尽人皆知的笑话：

一个有钱人请三位客人吃饭，两位客人兴冲冲地先到了，与主人寒暄之后落座。主人看还有一位客人没到，就说："该来的怎么还没来呢？"其中一位客人很敏感，心想这不是说我不该来嘛，于是一拍屁股就走了。主人一看说错了，马上又说："不该走的又走了。"还没走的那位客人一听，心想这不是说我该走没走嘛，于是也起身走了。

要想讲话严谨，就一定要先看再想，最后再说。这位主人的问题就在于不过脑子就开口。他一看到还有一位客人未到，就着急，一着急，就脱口道"该来的怎么还没来呢"，没有先想一想旁边人的感受。走了一位客人后，他就更急了，更顾不上先思考一下再开口。结果因为说话不当，把客人全得罪了。

初学当众讲话的人往往会犯"口先脑后"的毛病。"口先脑后"主要有两种表现：一是结巴，嘴已经张开了，脑子却还没想好要说什么，自然就结结巴巴说不出来了；二是错而不自知。有的学生初次上台，张口就说"各位同学，各位老师，大家好"，师生的次序说颠倒了，却不自知。这也是不过脑子就张嘴的结果。

播音员、主持人有时也会闹出这种因为不过脑子而说错话的笑话。

比如，有播音员念道："据新华社消息，今天凌晨，伊拉克军队已经成功切断了科威特的两条输卵管道。"

有主持人讲述干警的辛苦，说道："在打击车匪路霸的行动中，有他的身影；在拐卖妇女儿童的行动中，有他的身影……"

这两个让人哭笑不得的笑话都表明一个道理：当众讲话之前一定要

先过脑子。不过脑子就说话，再有经验的播音员、主持人也会说错话。

凡是听过温家宝总理讲话的人，一定都有一个深刻印象，他讲话时，深思熟虑，字斟句酌，准确有力。2003年，温家宝总理在哈佛大学发表演讲，在介绍自己的生平时，他说自己工作的大部分时间都是在中国最艰苦的地方度过的，因此他对自己的国家和人民了解得深，爱得深。

在看这段视频的时候，我从温总理讲话的神态和停顿中充分感受到了什么叫先想后开口，什么叫深思熟虑，什么叫用词准确。

我在教学中非常强调对学生进行先想再开口的训练，哪个学生上台后没有停三秒再开口，我马上就会让他重来一次，目的就是让学生通过强制性的训练，克服不过脑子就说话的毛病，养成“想在前，说在后”的习惯。

2. 站直与站稳的具体要求

站直的要求：

①站如松。身体直立，不能左右晃动，也不能含胸驼背。

②腰要挺。挺腰要找到着力点，着力点就在俗话说的“腰眼儿”处，这个地方一用力，腰就挺起来了。

③腿并拢。两腿不能叉开，要完全并拢，不留缝隙。没有受过上台训练的人往往不习惯两腿并拢站立，不自觉就会把两腿叉开，站姿不够优美。

站稳的要求：

①上台后，停三秒再开口。

②讲话时，每个段落之间停三秒。为什么在讲话的段落之间也要停三秒呢？我们看文章时，很容易了解文章的层次，因为每个段落开头都会空两格。而讲话的时候，没法让观众看到段落开头的空格，只能靠停顿，通过停顿，让观众听出讲话的层次，同时也给观众一点消化理解讲话内容的时间。

③讲话结束后，停三秒再下台，做到善始善终。

3. 练习站定的方法

站直训练方法：

①面对镜子站直，面带微笑，看着镜子中自己的眼睛，每天练习三分钟。

②两人面对面站直，面带微笑，看着对方的眼睛。

站稳训练方法：

①面对镜子站立，面带微笑，看着镜子中自己的眼睛，先默数“一，二，三”，再开口说“早上好”。

②还可以配合跨步来练习：先向左跨一步，默数“一，二，三”，然后开口说“早上好”。再向右跨一步，默数“一，二，三”，然后开口说“早上好”。

③两人面对面站立，讲话者看着陪练者的眼睛，两人一起默数“一，二，三”，然后讲话者开口说“早上好”。两人轮换练习。还可以一人面对两人练习，然后再轮换。

无论用哪种方法练习，都要反复练习10遍。这个练习主要是让读者训练讲话停顿的自控能力。

这里还要强调一点，在进行站定训练时，也不要忘了练习笑定、眼定以及耳语法（将在第三章中详细介绍），达到一箭多雕的训练效果。

快速克服讲话无胆妙法之四：循环式综合练胆法

1. 什么是循环式综合练胆法？

“循环”就是全班学生排好顺序，轮流登台，每人登台三次。“综合”就是综合练习笑定、眼定、站定。

循环式综合练胆法很神奇，只需两节课的时间，每个学生上台实战三次，就可以基本消除紧张感，具备当众讲话的胆量。

我们先来看看北京师范大学珠海分校文学院学生彭晓晴写的一段练习体会：

在短短两节课的时间里，第一次上台，我双腿发抖，连嘴唇都控制不了。第二次上台，我就能站直身体，面带微笑，基本控制自己的声音与动作了。第三次上台，我就找到了自信，能够大胆地面对全班同学讲话了。真没想到收获这么大。相信在以后的课堂上，我能表现得更好！

2. 循环式综合练胆法的神奇之处

循环式综合练胆法的神奇之处体现在以下三个方面：

（1）由紧张变得放松

学生第一次上台，往往非常紧张，而集体练习一轮之后，马上就放松了。

因为第一次上台，大家不知道别人表现如何，自我评价普遍偏低，总认为自己是班级里最差的，其他人都比自己强。等大家都练习了一次后，前后一比较，我差，有人比我还差：“我站不直，他还浑身发抖呢！”“我脸上没笑容，他还说话结巴呢！”大家各有各的毛病，五十步笑百步。在善意的笑声中，大家一下子就由紧张变得放松。

（2）趁热打铁，消除心理阴影

先来讲一个心理阴影致人死亡的故事：

英国网球明星吉姆·吉尔伯特小时候经历过一次意外。有一天，她陪妈妈去看牙医，结果妈妈在接受牙科手术时，突发心脏病，死在了手术椅上。而她目睹了这惊人的一幕。

这个阴影一直在吉姆·吉尔伯特心里存在着。她没有想过去看心理医生，彻底消除这个心理阴影，只是一味回避，牙疼的时候，从来不敢去看牙医。

后来，她成了球星，过上了富足的生活。有一天，她被牙疼折磨得实在忍受不了了，家人都劝她说，你有私人医生，可以把医生请到家里来给你治疗，亲人们也都陪着你，还有什么可怕的呢？于是，家人就为她请来了牙医。

结果，意外发生了。牙医在一旁整理手术器械，准备给吉姆·吉尔伯特做手术，结果一回头，发现她已经死去。当时伦敦的报纸报道这件事情时，给出了这样一句评价：吉姆·吉尔伯特是被自己40年来的念头杀死的。

这是一个非常极端的例子，但是在生活中，因为一次失败而产生心理阴影的事情经常在我们身边发生。我的朋友给我讲过一件事情，他的一位女领导能力非常强，讲话很有感染力，人缘也很好，但有个死穴，就是从不敢当众开口唱歌，谁要让她唱歌，她马上拂袖而去。为什么呢？原来她小时候唱歌被老师打击过，留下了心理阴影。上小学的时候，她第一次当众开口唱歌，正唱到兴头上，没想到音乐老师泼了她一头冷水，说她五音不全，以后还是别唱歌了。老师的话给她留下了心理阴影，从此她再也不敢开口唱歌了。

我的一位学生回忆了自己因为一次讲话失败而再也不敢开口的经历。这位学生的母亲是电台的播音员，他从小耳濡目染，也有播音、主持方面的特长。上初中的时候，他第一次担任学校运动会的解说员，因为太紧张，说话有些结巴，结果主管老师感到很没面子，就挖苦他说："你妈妈还是播音员呢，你怎么一点都不像她。"从此，这位学生心里留下了阴影，再也不敢上台讲话。

循环式练胆法是消除心理阴影的良药，因为这个方法能起到以下作用：

第一，把讲话者逼上梁山。因为是集体练习，人人都要上台，你就没法逃避，硬着头皮也得上台。

我的一位学生在回顾循环式练胆训练时说："大家都一样，都要上台，就觉得安心了很多。在这里，没有嘲笑，有的只是理解与鼓励，我只要尽力就好。慢慢地，就不再那么害怕，变得有胆量了。"

第二，反复实践，不断进步。俗话说，一回生，二回熟，三回就能当师傅。一位参加过中央电视台节目录制的嘉宾这样谈自己的出镜体会：

我曾参加中央电视台《艺术品投资》节目的拍摄，担任嘉宾。第一次拍摄时，主持人要求我看着她说话，并且要带有表情和手势，我就感觉非常困难。一是总看着漂亮的主持人，我很不好意思，不一会儿眼睛就会不自觉地往下看，主持人老是微微用手势提醒我；二是我的手势很不自然；三是注意了表情和手势之后，我又总是忘词。12分钟的节目，前后拍了半个多小时，主持人都有点不耐烦了。这还是在没有观众的情况下，如果有观众，还不知会怎样呢！电视台第二次约我拍摄时，我真的不想去了，觉得太受罪，还不如写篇文章，但我最后还是去了，主要是想锻炼锻炼自己。因为有了第一次的经验和教训，这次拍摄时，我做得好多了。相信如果还有下次，我会表现得更好。

第一次表现很差，第二次就有进步了，“相信如果还有下次，我会表现得更好”，这种自信来自哪里？就是来自反复实践，在实践中锻炼提高。

学生第一次上台讲话，没有经验，肯定是缺点多过优点。如果这个时候停下来不继续练习，就会留下失败的心理阴影。而且时间越长，心理阴影越严重。如果趁热打铁，连续上台三次，上台一次，总结一次，进步一次，缺点减少了，优点增加了，自信心就会越来越强，对登台就不会发怵了。

一位学生在“一字悟”中写道：“进行循环式练胆训练，连续上台，让我感觉台上和台下一个样，我不再害怕，甚至有一种玩一样的心态，还有点兴奋。”这就是趁热打铁的效果。

而且，人都是要面子的，如果连续三次上台都没有进步，自己就会觉得不好意思，所以每次上台后，学生们都无须扬鞭自奋蹄，在台下认真观察、揣摩、总结，力求让自己每一次上台都有所进步。

另外，第一次登台的学生非常敏感，很在意老师的评价，老师的一句评语，甚至一个表情，都可能会对学生的心理产生影响。所以，老师一定要善于当众夸奖学生，即使学生表现很差，也要找出他的优点，伸出大拇指加以表扬。

比如我有一个来自香港的学生，普通话说得非常吃力，结结巴巴，第一次登台自然很失败，与其他同学一比，她感到很自卑。我马上伸出大拇指夸奖她说：“你之前从未上台讲过普通话，今天能开口，就是了不起的突破！非常难得！”经我当众夸奖，这个学生非常高兴，劲头十足地投入第二轮、第三轮的练习中。

（3）弱者变强，强者更强

一个人练习，看不到别人的表现，没有横向比较，不知自己是强是弱，无法取人之长，补己之短。大家在一起练习，就能看到别人的表现。若看到别人比自己强，就会暗暗向别人学习，取人之长，补己之短，由弱者变成强者；若看到别人不如自己，就会更有信心，扬己之长，由强者变得更强。

一位叫蒋林停的学生在回顾自己的感受时，这样写道：

上台之前，我就像热锅上的蚂蚁，心里忐忑不安。每位同学按次序轮流上台，时间一分一秒地过去，快轮到我了，我开始做激烈的思想斗争。终于，我找到了说服自己从容镇定上台的理由：别人能做到的，我也一定能做到，而且要努力比别人做得更好！就这样，我微笑着走上讲台，并且笑定、眼定、站定、心定，用响亮的声音讲完了话。我赢得了老师和同学们的一片掌声，这一刻，我知道我战胜了自己！

另外，大家都在争先恐后地认真练习，这种气氛也会感染人，让你不由自主地投入进去。一位学生写道："我对循环式练胆训练的感受是'疯'，大家都充满激情地上台讲话，甚至有点'疯狂'。我的表现还行，就是下台的时候，该往左边走，我却往右边走，结果被同学推了回去。上一组同学练习时，也有人走错，还是我把他推回去的，没想到我也有这一刻啊！没关系，我觉得自己疯狂秀了一回，丢脸也值了。"

3. 循环式综合练胆法的练习步骤

循环式练胆共分为五个步骤：走、停、说、停、走。具体方法如下：

（1）走：从台下走到台上的走姿训练。要求如下：

①行如风。两臂摆开，以较小的步伐快步从左侧走上台。

②头部侧转，眼睛看向观众。

③面带微笑，并且将微笑保持到下台。

（2）停：走到讲台中央站定之后的停顿训练。要求如下：

①站定之后心中默数"一，二，三"。

②台下的观众与上台者一起数"一，二，三"，目的是提醒上台

者，同时也让自己养成停顿的习惯。

（3）说：开口说开场白——“各位老师，各位同学，大家好”（可根据观众的身份改变称呼）。要求如下：

①先面向左边的观众说“各位老师”，再面向右边的观众说“各位同学”，然后面向中间的观众说“大家好”。

②看观众的目光要虚不要实，即眼睛要看一片人，而不是一个人。如果只盯着一个人看，就把其他观众给得罪了。

③眼动带头动。往左边看时，头部明显转向左边；往右边看时，头部明显转向右边。我在教学中发现，有些学生只动眼不动头，这样就会给人贼眉鼠眼的感觉。

（4）停：说完开场白后，再默数“一，二，三”，然后开始讲话。要求如下：

台下的观众与上台者一起数“一，二，三”。

（5）走：讲完话，默数“一，二，三”，然后走下台。讲话结束，停三秒再下台，目的是做到善始善终，避免犯讲完话拔腿就走的毛病。要求如下：

①按照上台时的走姿要求，从右侧走下台。

②眼睛看向前方，不看观众。

需要注意的是，进行集体练习的人数可以由少到多。先以五人小组为单位，每个人轮流上台三次；再以十人小组为单位，每个人轮流上台三次；再以全班为单位，每个人轮流上台三次。这样循序渐进，就可以迅速练出胆量。

4. 进行循环式综合练胆，一定要群练

细心的读者可能发现了，本书教给大家的方法都可以一个人单独练习，而进行循环式综合练胆，一定要群练。为什么？

因为讲话不是自言自语，而是一个人讲，很多人听。所以，丑媳妇一定要见公婆，讲话者一定要见观众。吃了梨才能知道梨的味道，下了水才能学会游泳。不面对观众练习，永远是纸上谈兵；只有面对观众练习，才能真正锻炼出讲话的胆量。

一回生，二回熟，真知都是从实践中得来的，胆量也是在循环式练习中锻炼出来的。俗话说，解铃还须系铃人，紧张心理是面对观众产生的，也一定要通过面对观众来消除。

我的一位学生真实记录了自己面对众人练胆的感受，他写道：

为了锻炼我们的胆量，殷老师要求我们在教学楼F区的阶梯上当着全班同学的面，也当着全校来来往往的同学的面，练习“各位老师，各位同学，大家好”这句开场白。

这对我来说确实是一个很大的挑战。我记得轮到我的时候，我的腿都是颤抖的。还好我按照老师的要求坚持做了下来：快步走上台，停顿三秒，开始讲话；讲完话，停顿三秒，快步走下台。这是一个看起来很简单的过程，对我来说却是一次突破，一次让我终生难忘的突破。我终于知道，原来在众人面前讲话并不是一件特别难的事情。这次训练让我建立起了自信，也让我拥有了一样宝贵的东西：胆量。

不放过任何一个面对众人讲话的机会，坚持用循环式练胆法练胆，你也一定可以和我这位学生一样，取得心理素质的重大突破，拥有当众讲话的胆量！

5. 群练要因地制宜

有的读者可能会有疑问，循环式练胆法好是好，可是上哪儿找人一起练呢？可以因地制宜地采取以下几种办法：

①参加公众讲话训练班。在这样的训练班里，大家都是为了提高讲话能力而来的，自然会有群练的机会。

②找志同道合的同学、朋友一起练。

③由班主任老师组织学生练。

④社团组织成员一起练。

⑤在家人面前练。

第三章

耳语练声法

——快速纠正讲话用声不当之妙法

耳——耳语练声法是练气练声之法，能让讲话者快速掌握科学的用气发声方法。这个方法很简单，会说悄悄话，就能学会。掌握了耳语练声法，就可以达到美声、美身、美神的目的。

掌握正确的发声方法，保护“咽喉要道”

学习当众讲话，为何要先学用气发声？

过去我一直认为，学习用气发声是歌唱演员和播音员的事。当我开始进行当众讲话的教学和研究之后，我才发现，只要是天天开口说话的人，都面临着怎样用气发声的问题。

微软前总裁史蒂夫·鲍尔默演讲的激情尽人皆知，但他也吃过不会科学用声而喊坏嗓子的亏。

在地动山摇的音乐声中，一个六英尺高、光秃着脑袋、大脑门的男人跳上台发表讲话。他不时用力挥舞着手臂，像只猴子一样上蹿下跳……台下掌声应和着呼声，一片沸腾……

谁也不会想到，这样疯狂的场景竟然是微软公司的一次普通会议，这个像猴子一样疯狂的人，竟然是微软前总裁史蒂夫·鲍尔默，而他也因此被戏称为“猴子先生”。

为了表达对微软的热爱以及带领团队工作的激情，史蒂夫·鲍尔默从不吝啬自己的能量。有一次，他在日本演讲，因为大喊“Windows”，竟然喊坏了声带，不得不接受手术治疗。

再来看我身边的例子。

一位珠海的小学老师上完我的课，在课后感想中写道：“我一直受声带闭合不紧的困扰，说话非常费力。同等话量、音量，我说起来，往往感觉比别人费劲。往常上课，只要两天不使用麦克风，我的声音就会变得沙哑。我也想过寻求嗓音研究所的帮助，请专家指导发声，但遍寻未果。”

通过培训老师，我发现很多老师，尤其是小学老师，都有职业病：声带小结、咽炎、声音嘶哑。每周教五天课，前三天还有声音，到了第四天、第五天，嗓子就哑了。周六、周日休息两天又好了，下一周又开始这种从有声到无声的循环。这种职业病在以讲话为职业的人中很常见，而病因就是不会用丹田气发声，靠摩擦声带说话，咽喉肌肉长期处于紧张状态。有的老师没办法，只能天天吃金嗓子喉宝，但这也是治标不治本。发声方法不对，嗓子最后还是要得病，甚至只能忍痛改行。

我认识一位非常著名的教工商管理的女教授，她上的管理培训课很受欢迎。有一次，她连续讲了10天课，累得失声，声带小结，最后做手术，一年无法讲课，原因也是发声方法不对。

空姐也需要掌握科学的用气发声方法。深圳航空公司的一位乘务长上完我的培训课后说：“今天我感触最深的是学会了丹田用气发声。平时说话很多，经常嗓子疼，看来还是自己的发声方法不对。现在用丹田气发声，嗓子很轻松。”

当然，对靠声音吃饭的播音员、主持人来说，科学用气发声更重要。在给播音员、主持人上课的过程中，我总结出了“两不”现象：科班出身的不稳，非科班出身的不会。什么意思呢？

科班出身的不稳，是说播音主持专业毕业的学生虽然学过丹田用气发声的方法，但是对这个方法掌握得不稳定，状态时好时坏，时有时无。一位省电视台的播音员告诉我：“我从播音主持专业毕业四五年了，但在播报新闻的时候，有时能气沉丹田，发声的时候感觉很舒服，有时又找不到状态，声音是从嗓子眼里发出来的。很苦恼。”

非科班出身的不会，是说现在很多主持人是经济、法律、新闻等专业毕业的学生，压根没学过正确的用气发声方法，到了单位向内行请教，又觉得丹田用气发声玄而又玄，摸不着，学不会。

当今社会，需要用声音与人沟通交流的人越来越多，不掌握正确的用气发声方法，不光会影响自己的职业生涯，还会给身体带来危害。常言说“咽喉要道”，咽喉是大脑的屏障。按照中医理论，走咽喉的经络一共有八条，所有入脑的经络都要经过咽喉。如果用声不当，咽喉长期发炎，咽喉要道失去屏障作用，大脑就容易得病。

耳语练声法，让玄妙的科学用气发声方法简单易学

科学、正确的用气发声方法早就存在，但要掌握这套方法，至少要经过大学本科四年的学习。广播学院也好，音乐学院也好，都要教学生胸腹式联合呼吸法。胸腹式联合呼吸法是播音员、主持人应该掌握的方

法，这种方法是靠胸腔、横膈肌、腹肌联合控制气息。这种呼吸法活动范围大，伸缩性强，能使人均衡、平稳地呼出气息。

教科书上是这样表述胸腹式联合呼吸法的：深呼吸，迫使横膈膜下降，扩展胸腔，把横膈膜作为气息的支撑点，使发声有根基，使声音有立体感。

胸腹式联合呼吸法的确是科学、正确的用气发声方法，但是学起来非常困难，因为它是从生理解剖的角度对人体内部器官做分析和介绍，一般人看不见摸不着，很难一下子掌握。比如，胸腹联合呼吸，胸在哪儿？腹在哪儿？二者怎么联合？横膈膜下降，横膈膜在哪儿？没学过生理解剖，一般人是根本找不着的。

邵守义老师是演讲与口才方面的权威专家，有一次，他在广州做演讲与口才讲座，内容深入浅出，很受听众欢迎。一个听众提问道："能不能教我们一些书上学不到的基本功，比如怎么练习呼吸？"

邵守义老师回答说："谢谢你的提问，但我现在实在不能回答你这个问题，等讲座结束后，我们单独交流。"邵老师为什么不当场回答听众的问题呢？不是邵老师不会回答，而是要讲清楚呼吸的问题太复杂，不是几句话就能讲明白的，只有等讲座结束以后慢慢解释。

我当初在北京广播学院（现更名为中国传媒大学）进修，从开始学习丹田用气发声的科学方法到真正掌握，花了10年左右的时间。为什么呢？因为这样一套方法很复杂，要循序渐进地分步骤练习，先练吸气，再练呼气，再练共鸣，再练吐字。你要有很强的毅力，走很多弯路，经过很长时间的练习，才能基本掌握。说实话，我长期从事播音主持工作，用气发声的状态也一直时好时坏，很不稳定，尤其是在朗诵诗歌时，我常常为无法自如用气而苦恼。

古人说，大道至简。从2005年起，我开始给大学生上演讲与朗诵课。这门课只开一个学期。传统的用气发声理论，即便是专业人士，也要经过本科四年的学习才能基本掌握。一学期的演讲课，不光要练声，还要练胆、练情、练识，显然传统的用气发声理论对学生们来说是难以掌握的。能不能找到一种简单易学的用气发声方法，让学生们很快掌握呢？我在教学中边实践边摸索，终于找到了一种一学就会的方法——耳语练声法，在实践中收到了很好的效果。

什么是耳语练声法？说白了，就是贴在别人耳朵旁说悄悄话的练气练声法。比如在课堂上，老师正在讲课，你跟同桌说："小强，下课后我们去踢球好吗？"这时你说话是有气无声的，既不让老师听到，又让小强听到。这就是耳语练声法。

耳语练声法，美声、美身、美神

说悄悄话为什么能练气练声呢？因为它有"三美"的作用：第一是美声，第二是美身，第三是美神。

1. 耳语练声法的作用之一：美声

美声就是让讲话者通过耳语练声法掌握用气发声、吐字的方法，使声音更悦耳动听。

在讲耳语法之前，我都会先让学生做下面的体验式练习：

老师说："请问大家，科学的用气发声法是用丹田发声还是用嗓子发声？”

学生说：“用丹田。”

老师说：“对。丹田在哪里？”

学生说：“就在肚脐下面两指的地方。”

老师说：“没错。‘丹’是仙丹，‘田’是田地，丹田就是存放仙丹的地方，可见丹田的重要性。现在我们来做一个体验式练习，请大家用两种方式来念一段绕口令：四是四，十是十，十四是十四，四十是四十，谁能说准十四、四十、四十四，就请谁来试一试。”

第一遍要求学生放开声音念。

学生念完绕口令，老师问：“大家有什么感觉？”

学生说：“嗓子很累。”

第二遍要求学生用耳语法念，即要求学生两手做喇叭状，放在嘴上，用说悄悄话的方式念。

学生念完，老师问：“这次有什么感觉？”

学生说：“这次感觉小腹肌肉紧张，腰很累，嗓子很轻松。”

老师说：“对，这就是丹田呼吸法，是科学的用气发声方法。它能让气息更通畅，声音更好听。”

具体来说，耳语练声法可以达到“占领两头，解放中间”的效果。

“占领两头”的下头是指丹田，上头是指唇舌；“解放中间”是指解放声带。

占领下头就是气沉丹田。当你用说悄悄话的方式说“各位老师，各位同学，大家好”的时候，用的只是气声，而不是用嗓子发出声音。而要发出气声，就必须丹田用力，这样你一下子就能找准看不见摸不着的丹田的位置。

占领上头就是锻炼唇舌肌肉。因为耳语的时候，只有气声，但又要让别人听见，因此口型就要非常夸张，唇舌的动作很大。比如说“各位老师”的“师”时，双唇要张得更开一点；说“各位同学”的“学”时，双唇要拢得更圆一些。这样一来，双唇和两颊的肌肉就得到了锻炼，就有力了。肌肉一有力，吐字自然就清楚，观众就听得清了。

解放中间就是解除喉部肌肉的紧张状态。很多人说话时间一长就觉得嗓子累，甚至会得咽炎，天天吃金嗓子喉宝，就是因为他们只是靠反复摩擦声带发声，而不是用丹田气发声。而耳语的时候，只用气，不用声，喉部的肌肉就不会用力，自然就放松了。

下头让你小腹、腰部用力，上头让你锻炼唇舌，中间把你的声带给解放出来，这就是耳语法的第一个作用——美声。

传统的练声方法，练气、练声、练字是分开的，而耳语法是把练气、练声、练字结合在一起的。

2. 耳语练声法的作用之二：美身

什么叫美身？就是坚持练习耳语法，对身体有益，而且能使人保持好身材。

人不吃饭只喝水，可以活七天，而不喝水，只能活三天。那么不呼吸呢？马上就会没命。

首先，练习耳语法对肺部非常有好处。气息的吸入和呼出全靠肺部。曲黎敏教授在《从头到脚说健康》这本书里，深入浅出地讲解了全身各个器官和经络的关系。讲到肺部的时候，她说：“《黄帝内经》还说‘肺司呼吸’。我们现在的政府机关里有司长这个职位，是主管某一个部门的。肺的一个功能就是主管呼吸。呼吸是利用胸膈上下的运动来升降气机，中医非常强调如何调理全身气机的问题。……实际上是要利用胸膈的上下运动来积精累气，达到阴阳相交的目的。”她还说：“现在很多人在呼吸上都有问题，有的人呼吸太浅，就在胸膈以上；有的人稍深一些，但也不是正确的呼吸方式，我们应该学习腹式呼吸。……比如练唱歌的人，他们的气就是从丹田发出来的，所以练唱歌是对人体有好处的。因为唱歌的人总要通过腹部呼吸，这样就在气机上对人的胸膈进行了很大的改善。这是对人体非常有好处的。”

发声方法不正确时，咽喉、肩膀、胸部就会紧张，一紧张，气息就很浅，呼吸时只用到整个肺部的三分之一。而气沉丹田的时候，吸气和呼气量就很大，整个肺部都得到了运动和锻炼。肺部长期得到这样的锻炼，肺活量就会增加，整个肺部机能也就增强了。

其次，练习耳语法有助于保持好身材。练习耳语法，腹部肌肉用力，长期坚持，可以让腰腹结实有力。我经常跟学生开玩笑说，练习耳语法不能保证让你练出小蛮腰，但绝对不会让你变成水桶腰。

说悄悄话的时候，哪里累呢？腹部累。腹部累，实际上就是这里的肌肉得到了收缩锻炼，就会更加结实有力。我们做播音主持工作的人都有一个体会，如果每天播音主持的工作量很大，腰身就不会变粗。如果有一段时间不播音，不用气用声，腹部肌肉得不到锻炼，很快就会变胖，腰也会变粗。

再次，练习耳语法能够使人保持好气色。我们常说某人气色好，“气”在前，“色”在后，说明气息好，脸色才能好。

湖南第一师范学院的熊萍教授在《论科学发声对人体视觉形象的影响》一文中将练气能够改善肤色的原因说得非常透彻："其实，练声不仅能改善人的面容，也会让人肌肤白净，这也有它的科学道理。我们知道，缺氧的人肤色一般呈黑红色，而长期处在有充足新鲜氧气环境中的人，肤色往往红润白净。练声首先要练气，普通人的呼吸一般是肺'上半部'的气体与外界交换，体内大部分的浊气没有排除出去，如果把人的身体比作一个大水桶，上半桶气体吐出去了，交换回半桶新鲜空气，而下半桶浊气长期没有排除出去，所以肤色往往不是很好，身体也不是很健康，声音因为底气不足显得单薄，没有力度和韧性。练声先练气，所谓'练气'就是要把体内整桶浊气都喷吐出去，换来外界新鲜空气，把外界的新鲜空气'抽'进肺底并保持住，能自主控制肺中的气息并能慢慢放出，而这控制气息的力量主要是通过腰部来实现，用腰部的力量紧紧拽住外界新鲜的气息并使之下沉直至肺底。气沉得越深，底气也就越足，声音就会变得洪亮有力。当气息下沉，人体得到更多的新鲜氧气，肤色自然变得红润、白净。练完声，我们会感到格外清新，人也变得清爽、健康。"

3. 耳语练声法的作用之三：美神

什么叫美神？就是练习耳语法可以让上台讲话的人气定神闲，充满自信。

我们经常说一个人要沉得住气。你上台之前，老师也会提醒你不要紧张，要沉住气。

沉住气就是气要沉下去，沉到哪里？实际上就是沉到丹田。我们看到一个同学上身僵硬，端着肩膀，提着气说“各位老师，各位同学，大家好”，是不是会觉得这个同学不沉着、不自信?

当你提着气说话的时候，你的气息很浅，声音没有根，很飘，就会让人感觉你很紧张，很慌乱。当你的气息沉下去的时候，你的丹田是紧张的，而你的肩膀是放松的，面部表情是放松的，声音有根，听起来就有力，就会让人感觉你很从容，很淡定，很自信。

有一个词叫“气定神闲”，这个词非常准确地说明了气和神的关系。气先定，神才闲，只有气定到丹田，脸上的神情才能悠闲、自信。坚持用耳语法练气息，形成习惯，往台上一站，自然气沉丹田，双肩和面部放松，人就显得镇定、沉着。

耳语练声法，利己又利他

和传统的练声法相比，耳语练声法还有两个好处：一是不哑，二是不吵。

不哑就是每天练习的时间再长，也不会觉得嗓子累，声音不会哑。因为只是用气，未用嗓子，声带不会疲劳，声音自然就不会哑。如果每天放开声音练吐字发声，方法不当，嗓子就非常容易哑。

不吵就是用说悄悄话的方式练习，不会影响别人，因此不受时间、空间的限制，随时随地可以练习。而传统的练声法需要我们放开声音练，所以有人的地方没法练，夜深人静的时候也没法练，否则就会影响别人，因此要受很多限制。

一箭多雕的练习要领——笑手镜

进行耳语法练习时，要将练气、练声、练微笑、练吐字等紧密结合起来，达到一箭多雕的目的。

想要一箭多雕，就要坚持“笑手镜”的原则。“笑手镜”不是一面镜子，而是三个练习要领，为了便于记忆，我把这三个要领编成了一个口诀：“笑”就是微笑着练，“手”就是加上手势练，“镜”就是对着镜子练。

1. 耳语练声法的练习要领之一：微笑着练

为什么要微笑着练呢?

一是气息更容易下沉。大家可以试一下，微笑着用耳语说“各位老师，各位同学，大家好”，这个时候嘴角是翘起来的，笑肌往上提，眼角也往上翘，太阳穴的肌肉放松，肩膀和胸部也是放松的，气息通畅，就能气沉丹田。如果脸部肌肉紧张，不放松，身体也会跟着紧张，这样气息就很浅，就沉不下去。

二是声音更好听。要想让声音好听，就要有共鸣。微笑的时候，笑肌提起来了，后槽牙打开，口腔就打开了，像一个山洞一样又大又圆，这样声音就有共鸣，就好听了。当你愁眉苦脸的时候，你的嘴是瘪的，上下牙是咬在一起的，口腔这个“山洞”又小又扁，声音自然没有共鸣，就不圆润，不好听。

三是吐字更轻巧。微笑的时候，舌根是放松的。我们常说笨嘴拙舌，所谓“拙舌”，就是舌根太紧张，太僵硬，不灵活。口吃的人，舌根就是紧张僵硬的，放松不了。当你微笑着说“各位老师，各位同学，大家好”时，你的舌根是放松的，舌头自然就很灵巧，吐字就很轻巧，很清晰。

现在我们就来做一个体验式练习。

先面无表情地念绕口令《四是四》：四是四，十是十，十四是十四，四十是四十，谁能说准十四、四十、四十四，就请谁来试一试。

这样练习有什么感受？是不是感觉声音不洪亮、不好听，咬字笨拙？

再翘起嘴角，眼含笑意，微笑着念这段绕口令。这次感觉如何？是不是觉得气息通畅了很多，声音好听了，吐字轻巧了？

同样一个人，讲话时微笑和不微笑，效果完全两样。

我们再用这种对比体验式的方法来练习绕口令《八百标兵》：八百标兵奔北坡，炮兵并排北边跑，炮兵怕把标兵碰，标兵怕碰炮兵炮。

2. 耳语练声法的练习要领之二：加上手势练

我们还是先来做一个体验式练习。

首先不加任何手势，用耳语念一遍绕口令《八百标兵》：八百标兵奔北坡，炮兵并排北边跑，炮兵怕把标兵碰，标兵怕碰炮兵炮。

不加动作，只是用嘴说，就很像小学生背书，语言很死板，不生动。

然后我们加上手势，再用耳语念一遍这段绕口令，每一句都先做动作再念：（伸出右手比“八”字）八百标兵奔北坡，（做跑步的动作）炮兵并排北边跑，（左拳靠近右拳）炮兵怕把标兵碰，（右拳靠近左拳）标兵怕碰炮兵炮。

一加动作，马上有种身临其境的感觉，语言立刻就很生动。

做这个练习，就是为了让大家体会加手势的好处：手一比画动作，脑海中马上就会出现相关的场景和形象，讲话就会有感情，生动形象。手势的魅力和魔力我们将在第四章中做详细介绍，这里暂不多说。

为什么练习耳语法一定要加手势呢？

因为练习耳语法是为了练气，而练气是为了练声，练声又是为了练说话，练说话是为了传达信息，以情动人。如果我们只考虑练气练声，可能练到最后，就会是这样一种结果：说话时气息通畅，字正腔圆，却没有任何感情，像一个机器人在说话。为了避免变成机器人，我们练习耳语法就要一箭多雕，加上手势，在练气、练声的同时，也训练讲话富有感情，生动形象。

另外，手一动，气就动，手是呼吸的指挥。凡是参加过合唱队的人都有体会，唱歌时，什么时候开始唱，什么时候停，完全是看指挥的手势。他的手一抬，我们就吸满一口气；手一落，我们就开始唱。练习耳语法加手势，也是同样道理，手一抬准备做动作，我们自然就开始吸气，一做完动作，我们马上就开始说，手和口配合得非常默契，达到了练气息的目的。比如，说“八百标兵奔北坡”的时候，我们抬手准备比画“八”字，自然就开始吸气，“八”字的动作一做到位，我们口中马上就发出声音。所以，加上手势练耳语，用气和发声就更加自然流畅。

现在我们来做两个练习：

①加上手势，用耳语念绕口令《八百标兵》：八百标兵奔北坡，炮兵并排北边跑，炮兵怕把标兵碰，标兵怕碰炮兵炮。

②加上手势，用耳语念一段励志格言《人一之》：（左手伸出一根手指）人一之，（右手伸出拳头）我十之；（左手伸出拳头）人十之，（两手伸出拳头）我百之。（左手出拳往前打）百折不挠，（右手握拳砸到左手掌上）滴水穿石！

3. 耳语练声法的练习要领之三：对着镜子练

对中日邦交做出巨大贡献的日本首相田中角荣小时候口吃，为了克服这个毛病，使口齿流利，他每天对着镜子纠正自己错误的说话习惯，终于改掉了口吃的毛病。

中国共产党早期青年运动领导人、演讲家萧楚女，更是依靠一面镜子练出了非凡的口才。他在师范学校教书时，每天天刚亮，就带着一面镜子跑到后山上，然后把镜子挂在树枝上，对着镜子练演讲，从镜子中观察自己的表情和动作有什么毛病，然后加以改正。在镜子这个“老师”的帮助下，萧楚女的演讲水平提高得很快，成为著名的演讲家。

2008年北京奥运会射击冠军杜丽也有一个与镜子有关的故事。北京奥运会开幕的第二天，肩负着为中国队夺取首枚金牌重任的杜丽发挥失常，痛失冠军。比赛失利后，杜丽脸上从未有过笑容。教练为了让杜丽重拾信心，特地为她准备了一面镜子。教练说，只要杜丽板着脸，他就把镜子放在杜丽面前让她照照，让她知道自己这个样子有多难看，让她知道这样的情绪对后面的比赛有多不好的影响。这个时候，杜丽会勉强对着镜子里的自己笑一笑。照镜子的次数多了，再加上教练做工作，杜丽的心情逐渐好转。五天后，杜丽终于为中国队拿到了一枚金牌。

为什么要对着镜子练习耳语法呢?

第一个好处是可以纠错，就是纠正练习中的各种毛病。

第二个好处是可以调气，就是让练习者调节气息的大小、强弱。

为什么可以调气?

在生活中，我们和别人说话时，没有人会去想要用多大的气息。比如，你对妈妈说：“今晚我们吃什么？”你说话的时候，不会去想我现在要气沉丹田，或者我现在要用胸腔共鸣、头腔共鸣。没有人会在说话的时候去想这些技巧。你只会去想你要说的内容，而说话的语气和音量自然会根据对象的身份和距离的远近来调节。比如，见到老师，你自然会用尊敬的语气说“老师好”。离老师远，你的气息就会足一点；离老师近，你的气息就会弱一点。如果两个人面对面，你肯定不会大声喊“老师好”，你自然就会控制气息的强弱。

我在教学中发现，学生在练习耳语法时，如果没有讲话对象，往往不会调节气息，有的人气息很大，有的人气息很小。而一让他们对着人或镜子练习，他们马上就会调节气息的大小。所以，对着镜子练耳语，是为了使练习者有对象感，学会调节气息。

第三个好处是可以练眼，就是让练习者的目光集中在讲话对象身上。

我们讲话的时候，眼在哪儿，心就在哪儿。为什么呢?因为眼睛看人，其实不是眼睛看，而是大脑神经在指挥眼睛看。我们常说一个人说话时心不在焉，其实就是说这个人说话的时候眼睛没看对方，而是看其他地方。说话的时候，眼睛不看人，就会“小和尚念经，有口无心”。练习耳语法时，看着镜子中自己的眼睛，你的注意力马上就会很集中，长期坚持，就会养成专注的习惯。

对着镜子可以练表情，可以练动作，可以调整心情，镜子真是一个难得的好帮手，所以我们在练习耳语法的时候，千万不要丢了这个宝贝。

耳语法的练习材料很多，除了可以练习前面给出的绕口令，还可以练习诗歌、散文、讲话的片段。我们会在本章末尾给大家列出一些练习材料。

循序渐进的练习步骤——耳语慢四步

曾经有一个专门搞管理学培训的讲师对我说："殷老师，我给学员讲一天课，经常感觉嗓子非常累，只能靠喝水来缓解。"我跟他说，你可以学习耳语法，用说悄悄话的方式来练习气沉丹田，用气声说话。他一试，马上就说："过去我讲话感觉嗓子累，现在是小肚子累。"我说这就对了。

接着，他又说："殷老师，我会用气声说话了，但是我给学员讲课的时候，不能这样说话啊！"我说你别急，耳语法的训练分为四步，叫作"耳语慢四步"，现在你只是学会了用气，这是第一步，还要进行后面的训练才行。

下面我们就来讲讲"耳语慢四步"。

"耳语慢四步"就是耳语训练法从无声到有声的四个练习步骤：①耳语；②小虚声；③小实声；④中实声。

第一步是练习耳语，耳语的主要特点就是有气无声。这一步是"耳语慢四步”训练法最重要的训练阶段，通过反复练习耳语，让你养成一种习惯，一开口说话就小腹肌肉紧张，丹田用力，声带是放松的。

第二步是用小虚声说话。什么叫小虚声呢？就是以气声为主，加一点声音。

第三步是用小实声说话，就是气声少一点，声音再加大一点，以实声为主，气声为辅。

第四步是用中实声说话，就是完全没有气声，全用实声，并且用中等音量。中实声就是我们平时说话的状态。在“耳语慢四步”的练习中，自始至终不要大声喊，大声喊容易损坏声带。

需要强调两点：第一，在整个四步练习中，都要微笑着练，加上手势练，对着镜子练；第二，“耳语慢四步”还是以第一步——耳语练气为主。因为人是靠气息引起声带振动来发声的，气息是基础，是根本，练好了气，自然就会发声。练好了耳语，后面三步就水到渠成了。所以，我们的重点还是要放在第一步上。在教学过程中，我只是在第二节课讲耳语法的时候讲一下这四个步骤，在整个学期的吐字发声训练中，我都是让学生用耳语来练习，包括练习诗歌、散文以及演讲片段等。耳语法练好了，养成了丹田用气的习惯，声音自然就会收放自如。

快速见效的练习秘诀——辛苦一个月，受用一辈子

学会耳语法非常容易，但要形成肌肉记忆，把丹田用气变成开口讲话的习惯则很难，因为这需要有恒心，要坚持不懈地练习。

形成丹田用气的肌肉记忆是耳语练习的最终目的，所以这里我们还是要强调一下，我们学习某种技能，其实都是通过不断练习，形成某种肌肉记忆。

比如学习投篮，手臂、手腕、手指等部位要密切配合，反复练习后，形成一种正确的肌肉记忆。

有一年，NBA球星科比右手第四根掌骨骨折，痊愈之后发现右手除大拇指以外的四根手指不能均匀分开，只能两两分开，造成他投篮时，球会稍稍向右边旋转。为了纠正这个问题，科比整个夏季都去体育馆练习投篮，投进了10万次。科比说，他不是练习投篮，而是练习投篮命中。

正是因为有10万次投篮命中这样的艰苦训练，科比曾连续在4场比赛中，每场至少得到50分，还曾一人拿下81分，创下NBA历史上个人单场得分第二的纪录。

当骨折破坏了科比原来投篮的肌肉记忆时，他正是凭着过人的毅力，经过10万次的投篮命中练习，形成了新的肌肉记忆，创造了新的辉煌。

同样道理，弹钢琴是训练10根手指形成肌肉记忆，开车是让手和脚形成肌肉记忆。

耳语法表面上看是气息和声音的训练，实际上也是要让我们形成一种正确的肌肉记忆。用错误的方法发声时，喉部用力，喉部肌肉是紧张的，腹部肌肉放松；用正确的方法发声时，小腹用力，小腹肌肉紧张，喉部肌肉是放松的。练习耳语法，就是要形成小腹肌肉紧张的肌肉记忆。只要一开口讲话，声带就放松，小腹肌肉就紧张，完全是下意识的，想都不用想。练到这个程度，就算是将丹田用气练到家了。从有意识到下意识，从不习惯到习惯，唯一的方法就是反复练习，直到形成习惯为止。

为什么要反复练习？因为人的记忆分为肌肉记忆和大脑记忆，和大脑记忆相比，肌肉记忆有两个特点：一是记得慢，二是记得牢。

先说记得慢，形成肌肉记忆是比较慢的。大脑记忆一首诗词，两三天就记住了，而要学会开车，先要分解练习手和脚的动作，再把动作连贯起来，练习手脚配合，然后再上路练习，至少要个把月才能使动作熟练。正因为形成肌肉记忆比较慢，所以一定要反复练习。

再说记得牢，肌肉记忆一旦形成，就会比大脑记忆更加牢固，不容易遗忘。

了解了肌肉记忆的这两个特点，我们就要每天坚持练习耳语法，经过一个月左右的时间，就可以形成丹田用气的发声习惯，达到美声、美身、美神的目的。辛苦一个月，受用一辈子，何乐而不为呢？

当然，想要见到更明显的效果，就需要更长时间的练习，一般来说需要三个月。我的学生中，有的气息弱，说话声音又细又小，有的声音嘶哑，他们经过一个学期大约四个月的练习，就收到了非常明显的效果：会丹田用气了，声音也洪亮、悦耳了。

这里教给大家一个生活和练习两不误的方法：每天早晚和亲朋好友说悄悄话。你可以跟家人做个约定，告诉他们，为了让你更好地练习科学的用气发声方法，提高当众讲话能力，请他们配合你用耳语说话。比如，早晨你妈妈叫你起床，要用悄悄话说：“儿子，起床啦！”你也要用悄悄话说：“妈妈早上好，我起来了。”晚上回到家，你要用耳语对妈妈说："我们今天吃什么啊？"你妈妈也要用耳语回答说："吃你最喜欢的小鸡炖蘑菇。"这样一问一答，在日常和家人说话的过程中就把气息给练了。早上练半个小时，晚上练半个小时，坚持一个月，这样就会形成一种习惯，一说话就丹田用气，达到美声、美身、美神的"三美"效果。

俗话说，一年讲十部经，不如十年讲一部经。练习耳语法的材料不在多，而在精。下面我们就给大家提供一些练习材料，每天早上练习20遍，晚上练习20遍，每天一个小时，这样练习一个月，不知不觉中，就会养成丹田用气的说话习惯。请记住以下几句话：

三军可夺帅，匹夫不可夺志！

简单的招式练到极致就是绝招！

天才就是重复次数最多的人！

附：耳语练声法的练习材料

我们给大家提供的练习材料包括一个成语、两段绕口令和一段励志格言，请大家务必将这些材料背诵下来。

为什么要背下来呢？因为这样方便练习。你把材料背下来了，就等于把它们装在脑子里了，走路也好，等人也好，只要有时间，你就可以见缝插针地练习，达到滴水穿石的效果。

1.一个成语：百炼成钢

目的：①练气息的流动性；②练声调的抑扬顿挫。"百炼成钢"这个成语正好包含了普通话的四个声调，“百”是第三声，像是从半山腰下到山底，又爬到山顶；“炼”是第四声，是从山顶又下到山底；“成”是第二声，是再从山底爬到山顶；“钢”是第一声，是在山顶上平着走。如果你不会用丹田气，就很难把这四个字的音发到位。练习这个成语，就能使气息通畅，讲话声音抑扬顿挫，悦耳动听。

要求：①微笑着练；②加上手势练；③对着镜子练。尤其注意要用手势比画出四个声调，用手势指挥声调的变化。

2.两段绕口令

（1）四是四，十是十，十四是十四，四十是四十，谁能说准十四、四十、四十四，就请谁来试一试。

目的：①练习气息的控制；②练习轻巧地吐字；③练习口和手的配合。

要求：①用耳语练；②微笑着练；③加上手势练；④对着镜子练。

（2）稀奇稀奇真稀奇，麻雀踩死老母鸡，蚂蚁身长三尺六，八十岁的老头躺在摇篮里。

目的：①练习气息的控制；②练习口和手的配合；③练习使语言生动形象。

要求：①用耳语练；②微笑着练；③加上手势练；④对着镜子练。尤其注意手势和表情要夸张一些。

3.一段励志格言

人一之，我十之；人十之，我百之。百折不挠，滴水穿石！

目的：①练习气息的控制；②练习口和手的配合；③练习富有激情地讲话；④自我激励。

要求：①用耳语练；②微笑着练；③加上手势练；④对着镜子练。尤其注意手势要有力。

第四章

“双人舞”练情法

——快速转变讲话无情之妙法

舞——“双人舞”不是指跳舞，是指手舞足蹈、眉飞色舞的练情之法。这是使讲话生动形象的方法。牵住手势训练这个“牛鼻子”，讲话马上就会生动形象，魅力十足。

想让讲话生动形象，就一定要手舞足蹈，眉飞色舞

1. 什么叫“双人舞”？

读者一看到“双人舞”，马上就会有疑问：难道讲话时要跳舞吗？我们这里说的“双人舞”并不是指跳舞，但也有点这个意思。

先来解释一下什么叫“双人舞”。“双人舞”是使讲话生动形象的法宝，指的是一要“手舞足蹈”，就是加手势；二要“眉飞色舞”，就是脸上有表情。这两个词中都有“舞”字，因此我借用一个舞蹈术语，称之为“双人舞”，这样就比较形象好记。

为了让大家对“双人舞”的神奇作用有切身感受，我们还是先来做一个体验式练习。

请大家用以下三种方式来说“你的口才真棒”：

第一遍，面无表情地说，脸上的肌肉不许动，双手也不许动。

第二遍，面带微笑地说，嘴角翘起来，眼角也往上翘，发自内心地微笑。

第三遍，面带微笑并加上手势说，说到“真棒”时，伸出右手大

拇指。

哪种方式最富有感情呢？不言自明，第三种方式。

第三种方式就是“双人舞”，不信你对着镜子看看，说到“真棒”时，你的眼睛是睁大的，眉毛是扬起的，嘴是张开的——这就是眉飞色舞；同时你伸出了右手大拇指——这就是手舞足蹈。你的语言马上就富有感情，语调有高低，有轻重。这就是奇妙的“双人舞”方法。

2. 讲话生动形象的人都会“双人舞”

讲话生动形象的人都会“双人舞”，这话是不是有点绝对？一点不绝对，先听我讲几个例子。

温家宝总理讲话生动形象是中外闻名的。在2007年两会的中外记者招待会上，一开场，温总理就讲到他前一天给一所小学的孩子们回了信。他说：“尽管再忙，我还是用毛笔亲笔给孩子们回了信，鼓励他们茁壮成长。”在说这句话时，他右手做执笔状，引得台下一片快门声。

在整个问答过程中，总理的手势十分丰富，而每做一个手势，都会引起一阵闪光灯“冲击波”。讲到外汇储备问题时，总理说，外汇少的时候，有少的难处，当年中国缺少外汇，向国际货币基金组织借，他们只借给我们八亿美元。说到这里，他用右手比画了一个“八”字，现场记者相机的闪光灯又亮成一片。

加了这些手势，温总理的语言更加生动，他的讲话给人的印象更加深刻，记者们抓拍的照片的内容也更加丰富。

余世维是国内首屈一指的管理培训师，顶尖企业争相邀请他去做培训，讲课费非常高。郎咸平是香港中文大学教授，因揭露格林柯尔集团创始人顾雏军造假案而成名。这两个人讲话时，都手舞足蹈，眉飞色舞，感染力极强。我有幸做过他们演讲的主持人，对他们的“双人舞”留下了深刻印象。

我们先来看看余世维讲话时的“双人舞”。请大家先猜一猜，余世维讲话为什么要用纽扣话筒？

没错，为了解放双手。

解放双手又是为了什么呢？为了方便进行“双人舞”。

余世维的“双人舞”最精彩，不仅动作多，而且幅度大。比如他在讲管理的效率时，有一段“双人舞”给我留下了深刻印象。他说：“公文来了要及时处理，千万不要塞在抽屉里（身体转向右侧，弯腰躬身，右手做塞东西的动作），锁在柜子里（身体转向左侧，左手做拧钥匙的动作），存在计算机里（身体转向正前方，双手做打字的动作）。”加了丰富的动作之后，语言非常生动，传递的信息非常丰富，令人印象非常深刻。我每次模仿他说这段话时，学生都被深深吸引，看完之后一片掌声，对“双人舞”心领神会。

正是精彩的“双人舞”加上精

彩的内容，使余世维讲课非常吸引人，听一天都不觉得累。

再来说说郎咸平讲话时的“双人舞”。

看看郎咸平的手势和面部表情，你就知道什么叫手舞足蹈，什么叫眉飞色舞了。郎咸平演讲的时候，基本上是站在讲台后面，不像余世维那样满场走动，但也一直手舞足蹈，眉飞色舞。

“双人舞”使郎咸平的演讲生动形象，再加上他观点犀利，因此他的演讲大受观众欢迎。我观察到他在珠海的一场演讲一直进行到中午12点29分才结束，1000人的会场一直鸦雀无声，无一人离场。

3. 不加“双人舞”，讲话一定枯燥乏味

如果一个人在面对公众讲话的时候面无表情，双手没有任何动作，那他的讲话一定是没有感情，平淡如水的。

曾任国务院发展研究中心主任的王梦奎在一篇回忆胡乔木同志的文章中写有这样一段话：

胡乔木身材瘦小，文弱安详，在近两个小时的讲话中一直端坐着，似乎连臂和手都不曾动过。他不善演讲，慢声细语，缺乏抑扬顿挫，像一篇平铺直叙的文章，不能引人入胜。

细读这段文字，你就可以发现其中的因果关系：因为胡乔木讲话的时候“一直端坐着”，“连臂和手都不曾动过”，所以他讲出来的话“像一篇平铺直叙的文章，不能引人入胜”。

胡乔木曾担任毛泽东的秘书，他写政论时评、讲话报告，在党内无

人可比。但尺有所短，寸有所长，胡乔木长期动笔多，动口少，讲话不引人入胜也不奇怪。我只是想用这个例子反证：手舞足蹈，眉飞色舞，讲话自然就会抑扬顿挫，引人入胜；而面无表情，双手不动，讲话一定没有感情，语言一定不生动。

同一个人也是这样，不加“双人舞”，讲话就平淡无味；加上“双人舞”，讲话马上生动形象。

我看过一位时尚杂志的女主编在某时尚纪念活动论坛上的一段演讲视频。这位女主编优雅漂亮，而且很有文采，演讲的内容有故事，有观点，但就是语气平淡，听得人直想打瞌睡。原因在哪儿呢？我琢磨了半天，发现问题还是出在她没加“双人舞”上。她一只手拿着话筒，另一只手自始至终垂着，没做一个手势。我当时对她的印象就是，她是一个只会写不会讲的人。

可是没想到，我后来又在《鲁豫有约》节目中看到她，她谈笑风生，判若两人。那期节目是鲁豫对她的专访，当她讲到自己怎样给杂志老板打电话求职时，她马上右手做接电话状；当讲到给杂志做一份策划书时，她又不由自主地用右手做写字的动作，手舞足蹈，眉飞色舞，非常吸引人。

这前后的对比让我更加叹服“双人舞”的神奇作用。

美国心理学家艾伯特·梅拉比安的研究表明，人们在沟通中主要通过三个方面表达感情，其中体态语做了55%的贡献，语气、语调做了38%的贡献，而讲话的内容只做了7%的贡献。这里的体态语就包括肢体语言（手舞足蹈）和面部表情（眉飞色舞）。

感情的表达＝55%体态语+38%语气、语调+7%讲话内容

这组数字说明了体态语在感情表达中的重要性。因为体态语对感情表达的贡献最大，占了55%的比重，超过一半，因此练好体态语，就抓住了感情训练的龙头，就能演好讲话生动形象的“重头戏”。

我们在本章开头做的体验式练习已经说明，体态语可以带动感情的表达，加上体态语，声音自然就抑扬顿挫，讲话马上就富有感情。也就是说，抓住了体态语的训练，就能使讲话的语气、语调富于变化，55%加38%等于93%，因此一练“双人舞”，讲话缺乏感情的问题就基本解决了。

为什么体态语如此重要呢？这要从台下观众的视觉需求说起。

准确地讲，在台下听我们讲话的人应该叫观众，而不是听众。为什么呢？有两个原因。

一是台下的人既听又看。我们都知道，看电视的叫观众，听广播的叫听众。因为电视节目既要用眼睛看，又要用耳朵听，所以叫观众；而广播只用耳朵听，所以叫听众。

在台下听我们讲话的人也是既听又看，既要用听觉，又要用视觉。以哪个为主呢？心理学研究表明，人们对某一事物的深刻印象77%来自视觉，14%来自听觉，视觉印象在头脑中保持的时间比其他感官印象更长。也就是说，相比听觉印象，在台下听演讲的人会对我们产生更深刻的视觉印象。所以，我们应该把台下的人叫作观众。

深刻的印象＝77%视觉+14%听觉

二是台下的人先看后听。从观众接受视听信息的顺序来讲，看在前，听在后。你从台下走到台上，观众首先是用眼睛看到你，看到你走路的姿势，看到你的面部表情，看到你站立的姿态，这些构成了观众对你的第一印象；然后才是用耳朵听，听你讲话的声音，听你所讲的内容，通过听，形成对你的第二印象。没有哪个人是不看台上的演讲者，闭着眼睛听演讲的。所以，从感官接受信息的顺序来讲，我们也应该把台下的人叫作观众。

既然是观众，你就既要满足他们的听觉需求，又要满足他们的视觉需求。满足观众的视觉需求靠什么？就靠手舞足蹈，眉飞色舞！

这就要求我们讲话的时候不能只动口不动手，一定要口手并用，而且还要把“双人舞”放在头等重要的位置。只有这样，你的讲话才能吸引住观众，你才能最大限度地传达讲话的信息。

其实，把台下的人叫作听众还是观众并不重要，重要的是讲话者一定要有动口又动手的意识和能力，才能充分满足台下的人的需求，才能给他们留下深刻的印象。

为什么生活中说话有情，当众讲话无情？

在生活中，人们说话说到情绪激动的地方，一定是语言与手势相结合的。

《陈赓传》一书在写到陈赓大将去世的情况时，有这样两段内容：

聂荣臻突闻此噩耗，受到沉重打击，猛地站了起来，直瞪着悲痛的眼睛，说不出话来。心都碎了，心碎无声。他坐下来，双手拍着桌子沉痛地说：“太突然了！太可惜了！太可惜了！不是昨天还说很好吗？”

…………

远在南京的南京军区副司令员郭化若，闻讯于当天下午赶到上海，一进丁香花园就哭喊道：“陈赓同志，我来晚了！”他进到灵堂立即趴到陈赓身上大哭：“生我者父母，知我者陈赓啊！”在场的人无不怆然泪下。

在闻知陈赓大将突然去世的消息后，聂荣臻元帅是双手拍着桌子说“太突然了”，郭化若是趴到陈赓的遗体上说“知我者陈赓啊”。可见在生活中，人们讲话动情的时候，一定会配合动作。如果我们只动口不动手，感情就无法充分表达出来。

仔细回忆一下，当我们在日常生活中动情地说话时，是不是都会手舞足蹈？比如看到久别的亲人或拿到大学录取通知书时，谁都不会两手背在身后，面无表情地说感到开心。

为什么在生活中讲话，人人有情，而到了台上，大部分人讲话就没有动作，没有表情，死板无趣了呢？这就要从生活中讲话和台上讲话的不同来分析。

1. 在生活中讲话的内在规律：景—情—气—声

人们在生活中讲话是触景生情，即先看到景物，然后生出感情，再用语言表达出来。具体分析，从看到景物到发出声音，要经过景、情、气、声四个环节，这四个环节的关系是这样的：景生情，情生气，气生声，环环相扣。

先来说景生情。“景生情”是什么意思？就是先有景，然后才有情。比如，汶川大地震时，抢救人员一看到现场的景象——房屋倒塌，道路断裂，死难者被埋在废墟中，对受难同胞的同情之心就油然而生。这个“情”是从哪儿来的？是从看到现场的凄惨景象中产生的。再比如，在天安门广场听到国歌响起，看到国旗冉冉升起的时候，对祖国的热爱之情便油然而生。

这就叫景生情，看到某个特定的场景，从而生出某种特定的感情。

再说情生气。“情生气”就是有什么样的感情、情绪，自然就会产生什么样的气息状态。当我们看到汶川大地震的凄惨景象时，我们的心情是悲痛的，气息自然是徐缓的；当我们面对国旗宣誓为了保卫祖国，不惜牺牲自己的生命时，我们的情绪是激昂的，气息自然就是饱满的，一股凛然正气油然而生。

再比如，你到医院看望病人，看到病人躺在病床上，你一定会充满关心、体贴之情，说话的气息一定会非常柔和，绝不会气壮如牛。你会俯在病床前，柔声细语地跟病人说：“你要放宽心，好好养病，早日康复。”

这就是情生气，有不同的情，就会生出不同的气息。

再说气生声。我在前面的耳语训练法中讲过，气息是声音的动力，气息引起声带振动，从而发出声音。所以，气息变化的时候，声音就跟着变化，气息大，声音就大；气息小，声音就小。我们常说一个人说话细声细气或粗声粗气，也表明声和气的同步关系，声细气一定细，气粗声也一定小不了。

我们在生活中进行语言表达时，就是遵循“景—情—气—声”的内在规律，龙头是“景”，在特定的生活场景中，人人讲话都情真意切。

2. 在台上讲话的内在规律：舞—景—情—气—声

与在生活中讲话不同，在台上面对众人讲话时，要经过舞、景、情、气、声五个环节，多一个“舞”的环节。这五个环节的关系是这样的：舞生景，景生情，情生气，气生声。

面对众人讲话与在生活中讲话的最大区别在于没有实际的场景。在生活中讲话看到的是实际的场景，见山说山，见水说水，触景生情。在这种语境下讲话，无论是大人还是小孩，自然而然都会有感情。

而面对众人讲话的时候，触景生情的“景”没有了，面前是台下黑压压的观众，既没有壮观的庐山瀑布，也没有汶川大地震的惨烈现场……这时，没有受过训练的人，脑子里一片空白，讲话自然就干巴巴的，没有感情。

要想让讲话有感情，生动形象，唯一的办法就是创造一个“景”，一旦有了“景”，自然就会生出情。所以先要“舞生景”，通过加“双人舞”，也就是加手势、加面部表情，在台上于“无景”中创造出“有景”。

具体办法就是把脑子中储存的各种事物的形象调出来，比如用手一比“楼那么高”，你眼前马上就浮现出高楼的样子，用手一比“这个人个子这么矮”，你马上就想到这个人的身高，这样感情就出来了。

播音和表演的教科书中都很强调“情景再现”，却很少谈怎样情景再现，也就是没有告诉我们情景再现的方法，而“双人舞”就是情景再现的妙法。

“舞—景—情—气—声”就是当众讲话的内在规律，这五个环节就像链条一样，一环套一环，“双人舞”是龙头，抓住龙头，就能带动全身，语言自然就生动鲜活了。

运用“双人舞”的好处

1.好处之一：告别无精打采，让讲话声情并茂

说得通俗一点，运用“双人舞”能让讲话的感情充沛饱满，不无精打采。

每当给学生讲“双人舞”可以使讲话有情的道理时，我都会先让学生做一个体验式练习。

我会让学生用两种方式说“速度，力量，激情”这句广告语：

第一遍，不加手势说。用这种方式说的时候，学生们无精打采，语气平淡。

第二遍，加上手势说。说“速度”时，右手五指并拢做尖刀状，快速从后往前刺；说“力量”时，两臂抬起，两手握拳，展示肌肉的力量；说“激情”时，两臂向上伸展，两手五指张开。一加动作，浑身肌肉收紧，气息饱满，热血沸腾，感情一下子就来了，激情澎湃的语言脱口而出。

为什么一加“双人舞”，马上就有感情呢？有两个原因：一是大脑的血流量增加，二是人体运动节奏一致。

先说第一个原因，大脑的血流量增加。一加动作，讲话马上就有感情，这是有科学道理的。著名手外科专家、中国工程院院士顾玉东在一篇研究报告中指出，当手做简单的动作时，大脑的血流量增加10%；做复杂或有力的动作时，大脑的血流量增加35%。

这就是做手势可以让大脑兴奋的奥秘。人们为什么吃完午饭就犯困？因为血液都跑到胃里去帮助消化了，大脑出现缺血的状况。大脑一缺血，人就犯困，想睡觉。反过来说，大脑供血充足，人就精神，情绪高涨。所以，手一做有力的动作，大脑的血流量就增加，人马上就有激情，有精神。

再说第二个原因，人体运动节奏一致。也就是说，肌肉运动可以带动气息、声音的强弱变化。

人的身体是一个整体，会保持一种一致的运动节奏。一做手势，马上就会带动血液、肌肉等按照同一个节奏和谐运动，气息、声音也会随之发生变化。比如，说“速度”的时候，一做快速往前刺的动作，血液、肌肉的运动节奏马上加快，声音自然也变得有力；说“力量”的时候，双臂的肌肉鼓起，气息也随之加强；说“激情”的时候，双手五指张开，手臂伸展，声音也自然带有一种冲破束缚的激情。

手有什么节奏，口就有什么节奏；手上有什么感情，口中就有什么感情。

所以，只要你每天用“双人舞”的方法来练习“速度，力量，激情”这样的短句或小段子，把运用“双人舞”变成你的习惯，你讲话时自然就声情并茂，充满激情了。

2. 好处之二：告别生硬死板，让讲话绘声绘色

在讲这个问题时，我也会让学生先来做一个体验式练习。

我会让学生用两种方式说“芝麻这么小，西瓜这么大”这句话：

第一遍，不加手势说。这样说，只是在生硬地念句子，语言不生动形象。

第二遍，加上手势说。说“芝麻这么小”时，右手拇指和食指捏在一起，眼睛盯着手指，然后抖一抖手指。这个动作一加，马上感觉好像看到了小小的芝麻，眉头马上就皱起来，声音变成了小虚声，语言就生动形象了。说“西瓜这么大”时，两手做抱大西瓜的动作。一加动作，学生不由自主地睁大双眼，声音放大，语气夸张，“大西瓜”的形象跃然眼前。

同一个人，同一段的文字，不加动作说，生硬死板；加上动作说，马上绘声绘色，活灵活现。学生自己都觉得不可思议。

为什么一加动作，讲话就生动形象呢？有两个原因。

第一个原因是人人脑中有形象。人们的大脑中有一个事物形象的仓库，里面储存着大量的事物形象。这些形象来源于人们日常生活中的感知和积累，人们通过眼、耳、口、鼻、手等感知客观事物的样子，也就是外形象，然后将外形象储存在大脑中，就变成了内形象。比如芝麻和西瓜，我们在生活中都用眼睛看到过，用手接触过，这些客观存在的芝麻和西瓜的样子就是外形象，当这些客观存在的外形象通过记忆储存在我们的大脑中时，就变成了内形象。

再比如，李白有首诗叫作《望庐山瀑布》：“日照香炉生紫烟，遥看瀑布挂前川。飞流直下三千尺，疑是银河落九天。”其中的香炉峰、瀑布、飞流、银河等外界事物，我们或者身临其境看到过，或者在电影、电视、图片中看到过，然后这些事物的形象就储存在我们的大脑里，就由外形象变成了内形象。

这个内形象的资料库，人人都有。那么，为什么有的人能够从资料库中调出这些形象，讲话生动形象，有的人却不能从资料库中调出这些形象呢？这就与我们下面要讲的第二个原因有关了。

第二个原因是做手势可以调出大脑中的形象。人的手好像一支指挥棒，手一动，一做动作，就可以把大脑中的形象调出来；手不动，大脑中的形象就无法被调出来。所以歌唱家唱歌，没有不做动作在台上干唱的；相声演员在台上表演，也没有不做动作在那儿干说的。

手的功能是人类进化的结果。人类从爬行进化到直立行走以后，双手不再需要担负支撑身体的任务，被解放出来，可以自由活动，这就使双手成为早期人类交流沟通的首选工具。人类将眼睛看到的形象和信息储存在大脑里，通过手部和肢体的动作来传递这些形象和信息，完成人与人之间的交流沟通。

这样就形成了人类最早的手势语，也促使人类学会了最原始的交流方式：看到形象，然后储存形象，再用手势传达形象。

之后，随着人类的进化，语言诞生了。口头语言与手势语相比，具有明显优势。比如，用口头语言表达消耗的能量少，而做手势消耗的能量多；口头语言表达不受自然环境限制，白天、晚上都不会影响沟通，而手势语在晚上则看不见。所以，口头语言逐渐取代了手势语，成为人类主要的交流方式。

虽然手势语逐渐被口头语言取代，但人类在漫长的进化过程中形成的这种交流方式仍然被保留至今，成为人与人之间沟通的辅助工具。

所以，一做手势，眼前就会出现事物的形象；看到事物的形象，讲话就绘声绘色了。用手势来传达形象是我们的祖先遗传给我们的能力，人人都具有这种能力，只是需要开发而已。

讲到运用“双人舞”的好处，这里要特别提到一点：“双人舞”是培养孩子形象思维的妙法。

以学习古诗词为例，中小学都要求学生学古诗词，除了可以培养学生的文学修养，也能够培养学生的形象思维。但是在大多数孩子的记忆中，学古诗词就是死记硬背，非常痛苦。

而在小学教育专家于永正老师的课堂上，情况却大不一样。在指导二年级的学生读古诗《草》时，于老师对每句诗的体态语都做了推敲。读“离离原上草”时，他半眯着眼睛做出远眺的样子，同时右手掌心向下伸向远方，表示草原辽阔，一望无际之意；读“一岁一枯荣”时，他伸出右手食指点两下，表示一年枯荣一次；读“野火烧不尽”时，他把手有力地摆动两下，表示草的生命力顽强；读“春风吹又生”时，他有力地向上伸直右手，表示春天小草破土而出，蓬勃向上之意。结果于老师还没有要求学生们读，他们就手舞足蹈地大声念起来。

在于永正老师的课堂上，孩子们为什么爱学古诗？就是因为于老师给干巴巴的文字配上了手势，生动地展示出小草的形象，孩子们看到了，感受到了，所以就爱学了。

在读诗词时，运用“双人舞”的最大好处就是将见字发声变成见字绘形发声。再好的诗词，首先进入学生眼中的也是枯燥的文字，如果只是让学生见字发声，学生就根本无法体会诗中的意境。只有将文字变成画面，学生才能通过触景生情，感受诗词的意境。而文字和画面之间的桥梁就是手势，就是“双人舞”。手一做动作，就把文字变成了一幅幅形象的画面，既激发出了学生的学习兴趣，也培养了学生的形象思维。

我的一个学生在进行《望庐山瀑布》这首诗的“双人舞”训练之后，感触很深，他在学习感悟中写道：

这首诗我上小学时就会背，却是小和尚念经，有口无心，读起来没有一点感情。而现在我运用“双人舞”的方法来读这首诗，诗句完全转换成一幅幅画面，越读越爱读。手上有形象，眼中有形象，口中的表达自然就生动形象了。

所以，父母都可以教孩子用“双人舞”的方法学习诗词，这样孩子一定会越学越有兴趣，越学形象思维越强。

3. 好处之三：告别平平淡淡，让声音抑扬顿挫

“双人舞”练习完全可以取代一般演讲教材上所讲的语言技巧的训练，掌握了“双人舞”，语言技巧不学自会。

我们在讲话时，会运用一些声音方面的技巧，以帮助我们表达内在的感情，这些技巧就是所谓的语言技巧。大多数演讲教材都把语言技巧分为四个方面——停连、重音、节奏、语调，要求大家对这四个方面分别进行训练。

其实，这种演讲教材上所讲的训练方法并不科学，在实践中无法有效操作。因为它存在两个问题：一是割裂，就是破坏了语言技巧的完整性；二是分神，就是让人从对讲话内容的关注中跳出来。

先说第一个问题。我们在讲话中所运用的语言技巧是一个整体，比如我们在喊“抓小偷啊”这句话时，声音一定很大，语调一定很高，语气一定很愤怒，节奏一定很急促。我们是把停连、重音、节奏、语调这四个方面融为一体来表达感情的，而不是把它们割裂开，这才是语言技巧的运用规律。

而大多数演讲书把完整的语言技巧的运用规律割裂了，要求读者分别进行训练。比如练习停顿，你要先确定说“抓小偷啊”这句话，需要做生理停顿，还是语法停顿，还是强调停顿。然后再进行语调练习，先确定说“抓小偷啊”这句话的语调是平调、升调、降调还是曲调，然后再张嘴练习。

大家想想，如果我们每次讲话前都要先做这种理性分析，然后再开口讲话，恐怕人人都无法开口了。所以，这种训练方法只适用于理论分析与研究，无法在实践中操作。

再说第二个问题。注意力高度集中在演讲或朗诵的内容上，是演讲或朗诵取得成功的前提条件。我们经常说心无二用，就是人的大脑不能同时思考两个问题，你要想内容，就无法想形式；你要想形式，就无法想内容。我们面对公众讲话时也一样，要想讲得精彩，就一定要心无二用，把注意力完全集中在讲话内容上，而不能去想语言技巧，不能去想哪里是重音，哪里语调要高亢，哪里要加快速度，哪里要放慢速度。如果你在讲话的时候去想这些技巧，你就会从讲话内容中跳出来，这样你就没有真情实感了。

我自己就曾长期被分神困扰，陷在语言技巧里出不来。因为我当初学习播音的时候，那种传统的语言技巧训练做得太多了，养成了习惯，拿到一篇稿子，马上就去考虑停连、重音、节奏、语调这些技巧性的东西。比如重音的训练，我拿到一篇新闻稿，一定要找出重音，标出重音，读出重音。这样我就养成了习惯，播音时，总是不自觉地去想重音，注意力就无法集中在内容上，结果虽然我的重音表达在理论上是正确的，但听起来却很生硬、突兀。播完稿子，整篇稿子的内容到底是什么，我也说不清楚。后来我用“双人舞”的方法调出脑海中与播音内容有关的形象，将注意力集中在每一句完整的话上，就将感情流畅自然地表达出来了，雕琢重音的毛病也不改自消了。

朗诵诗歌也一样，只要一去想语言技巧，马上就会从内容中跳出来，就没有真情实感了。比如朗诵海子的诗《面朝大海，春暖花开》，第一句是“从明天起，做一个幸福的人”，如果你去想这里的语调应该舒缓，声音应该半虚半实，那你一下子就会从憧憬幸福的真情实感中跳出来，你的朗诵就空有技巧，没有内容。没有内容，就没有真情实感；没有真情实感，也就无法打动观众。

“双人舞”恰好能弥补传统语言技巧训练方法的不足。

首先，“双人舞”能够把各种语言技巧融为一体。我们在前面说了，传统的演讲技巧理论把语言技巧分为四个方面——停连、重音、节奏、语调，而且分别讲解，分别练习。而练习“双人舞”，一做动作和表情，就将停连、重音、节奏、语调等技巧融为一体运用出来。

我们就拿“芝麻这么小，西瓜这么大”这句话来做例子。说“芝麻这么小”，如果用传统的语言技巧理论分析起来，节奏应该是缓慢的，语调是降低的，重音在“小”字上，声音是半虚声。你要分别进行分析，分别练习。而我们运用“双人舞”，说的时候加上动作，大拇指和食指一捏，眼睛看着手指，说到“小”字的时候，再抖一抖手指。一比画动作，就有了真情实感，重音、语调、节奏等技巧自然就运用出来了。

再比如，说“这个仇我一定要报！”这句话时，拳头一握，再狠狠一捶，对仇人恨得咬牙切齿的感情自然就生动地表达出来了。

我的学生练习“双人舞”，感受非常深。一位叫陈葵香的同学说：“‘双人舞’技巧真的好灵，我现在朗诵诗歌，再也不用去想哪个地方用怎样的语调、怎样的声音了。只要通过‘双人舞’的方法调出脑子里的形象，朗诵自然就会融入感情，语调、重音、节奏等都会很自然，不生硬。慢慢地，我朗诵时就有了真情实感，声音抑扬顿挫。比如在朗诵‘飞流直下三千尺’这句诗时，我双手做瀑布往下倾泻状，眼前马上就会出现气势雄浑的瀑布场景，想都不用想，就神奇地用较快的节奏、有力的声音把这句诗说出来了。”

其次，“双人舞”能让讲话者集中注意力。讲话时，一去想技巧，就会分神，注意力就会从讲话内容中跳出来。

为什么加上“双人舞”就能集中注意力呢？因为手和脑会保持高度统一，只有脑子想着内容，才能做出手势；脑子不想内容，就做不出手势。而且，脑子里想着什么内容，手上就做出什么动作。比如你脑子里想着“上”，手就不可能做出“下”的动作；脑子里想着“坏”，就不可能伸出大拇指。

告别口无长技，变成播、讲、诵全能

口头语言表达包括播、讲、诵，播是指播音，讲是指讲话，诵是指朗诵。在这三种类型的语言表达中加入“双人舞”，都可以使语言生动形象。

1.播音加“双人舞”，生动流畅

我们来看广东省前省长黄华华接受记者采访时的一条新闻：

当记者问到广东今后如何继续深化改革时，黄华华回答说，分析目前广东的现状，广东有“三长”和“三短”。“三长”，第一就是毗邻港澳，华侨众多。第二是经济总量大，外向型经济发达。第三就是珠三角发达。当然，也有三个短处。第一就是经济质量不高，国际竞争力不强。广东的产业含金量、附加值不高，很多产业处于国际产业链的低端。第二，广东的发展区域差距大，珠三角发达，山区、东西两翼比较落后。第三，社会发展落后于经济发展。广东应该通过解放思想，找到扬长补短的思路。

我在给新闻专业的学生上播音主持课时，曾经拿这条新闻作为练习材料。不加“双人舞”读这条新闻时，没有受过播音训练的学生读得结结巴巴，非常平淡。一加“双人舞”，学生的注意力马上就集中了，就读得生动流畅了。尤其是读到“三长”和“三短”时，都用手比画出数字，使播报的新闻层次分明，条理清晰。

另外，播音员和主持人天天在播音室里对着镜头说“观众朋友们，晚上好”，时间一长，就疲了，没有感情了。我在给上海台、广东台、湖北台、贵州台的播音员和主持人做培训时，会让学员在说这句话时加上抬起右手打招呼的手势，这样他们一下子就找回了热情，语言马上就变得亲切生动。

2. 讲话加“双人舞”，绘声绘色

不管是领导讲话、教师讲课、律师答辩还是学生发言，加上“双人舞”，都可以增强吸引力。

还有一个讲话训练的段子《气球说》，我让学生加上“双人舞”来练习，效果非常明显：

成功（两手伸出大拇指）就像一个气球（两手比画出气球的形状），你要想让这个气球又大又圆（两手把气球的形状比画得更大更圆），就要不停地吹气（鼓起腮帮子做吹气的动作）。一旦你停止吹气（做出裁判叫停的手势），气球就会慢慢撒气（两手比画气球由大变小的样子），直到把气撒光（两手一摊）。

通过加手势和面部表情来练习这个段子，学生就把停连、重音、语调、节奏等语言技巧都掌握了。

3. 朗诵加“双人舞”，声情并茂

我们在前面讲了古诗《望庐山瀑布》的例子，下面再来看一个新诗的例子——徐志摩的《再别康桥》。

作者看到景物的形象，然后用笔写下来，具体的形象就变成了抽象的文字。朗诵者要将文字转化成形象，朗诵起来才能声情并茂，打动观众。而“双人舞”就是将抽象的文字转化成具体形象的最好方法。

我在朗诵《再别康桥》这首脍炙人口的经典诗作时，从头到尾给每一句都加上动作，一个动作，一个场景，一种感情。一个个动作做下来，就像连续不断地放电影，形象连贯，感情连贯，语言连贯，效果非常好。

下面我们来练习一下这首诗：

（双手做送别的动作）轻轻的我走了，
（双手做迎接的动作）正如我轻轻的来；
（右手抬起做招手的动作）我轻轻的招手，
（轻轻晃动抬起的右手）作别西天的云彩。

（右手从上往下晃动，模仿柔软的柳枝）那河畔的金柳，
（双手捂脸，做害羞状）是夕阳中的新娘；
（右手向下指，表示指着水波）波光里的艳影，
（双手在胸前抚摸）在我的心头荡漾。

（右手向下指，表示指着水草）软泥上的青荇，
（右手模仿水草左右摇动）油油的在水底招摇；
（双手慢慢从中间向两边分开，模仿轻柔的水波）在康河的柔波里，
（右手伸出食指，表示一根水草）我甘心做一条水草！

（右手指向远方）那榆荫下的一潭，

（右手做摆手否定的动作）不是清泉，

（双手画出一条弧线，模仿彩虹的形状）是天上虹

（双手做揉的动作）揉碎在浮藻间，

（闭上双眼，双手在面前画一条弧线）沉淀着彩虹似的梦。

（闭上双眼，伸出双手做摸索的动作）寻梦？

（双手模仿撑篙的动作）撑一支长篙，

（双手从中间向两边划开）向青草更青处漫溯，

（眼睛向上看，双手做拥抱的动作，表示拥抱满天星星）满载一船星辉，

（双手做喇叭状放在嘴边）在星辉斑斓里放歌。

（做摇头的动作）但我不能放歌，

（做吹箫的动作）悄悄是别离的笙箫；

（右手食指放在嘴上，表示不要开口说话）夏虫也为我沉默，

（右手食指继续放在嘴上，眼睛看向前方）沉默是今晚的康桥！

（双手做送别的动作）悄悄的我走了，

（双手做迎接的动作）正如我悄悄的来；

（挥动右手）我挥一挥衣袖，

（继续挥动右手，慢慢向后退）不带走一片云彩。

加上“双人舞”之后，诗中描绘的情景就一幕幕浮现在朗诵者眼前，自然带动朗诵者的情感，使朗诵声情并茂，打动观众。

这里特别强调一下，手势和语言要同步，一定不能先张口，再做动作，这样语言已经表达出去了，再做动作，意义就不大了。

朗诵散文时加上“双人舞”，也可以使朗诵富有感染力。

以朱自清的散文《春》的片段为例：“坐着，躺着，打两个滚，踢几脚球，赛几趟跑，捉几回迷藏。风轻悄悄的，草软绵绵的。”

这段文字很容易配上动作，一做动作，语言马上就生动形象了。你不妨为这段文字设计几个动作，体会一下“双人舞”的神奇作用。

既然“双人舞”这么神奇，那么怎样才能掌握“双人舞”的方法呢？下面我们就来谈谈这个问题。

怎样才能“舞”起来？

1. 手势不练不成形

也许有读者会问，既然做手势是我们的祖先遗传给我们的能力，人人都有这种能力，那还用得着进行训练吗？用得着，而且一定要多练。因为没有进行过“双人舞”训练的人，会出现两种情况：一是手足无措，二是心有余而手不足。

没受过训练的人，在当众讲话时，大都会手足无措，不知道手往哪儿放。我的一位学生写道：“刚开始上台讲话的时候，我很紧张，觉得双手都是多余的，不知道往哪儿放。进行‘双人舞’训练之后，我切身体会到了‘双人舞’的妙处，养成了讲话时手舞足蹈、眉飞色舞的习惯。现在双手成了辅助我进行语言表达的有力工具。”只有通过反复训练，才能将双手由“多余”变为“有用”，使双手成为传情达意的辅助工具。

另外，缺乏“双人舞”训练的人，往往会感觉心有余而手不足，就是心里虽然明白讲话时做手势有好处，但是做不出来，或者不知道该怎么做。我有一个朋友，是当地的一位名记者，经常被电视台邀请去当嘉宾，做节目。他对我说：“我看了自己节目的录像，发现我讲话时手势少，很呆板。我也很想加手势，可是我只要一去考虑加手势，就会影响我说话；而一去想要说的话，手势就做得一塌糊涂。”

心里明白有必要做手势，却做不出来，怎么办？唯一的办法就是多练。只有反复练习“双人舞”的动作，形成肌肉记忆，讲话时才能随心所欲地运用手势，达到口到、手到、眼到的效果。

2. 手势练习的“三动”原则

在练习做手势时，我们要掌握“三动”原则：生动、仿动和同动。

（1）第一个原则：生动——通过观察生活来设计动作

我在教学中设计的讲话动作都不是我凭空从脑子里想出来的，我观察生活中讲话生动形象的人如何做动作，然后把这些动作运用到我的教学中，让学生进行训练。

我们来看一个“双人舞”练习小段子《照相》：“各位同学注意了，现在我们准备照相。前排的同学请坐下，后排的同学请站起来。大家笑一笑，嘴角翘一翘。”

我在说“前排的同学请坐下”这句话时，双手是往下压的，表示让人坐下来。这是符合自然规律的。如果我的手势是从下往上抬，这就不符合自然规律和日常的生活情境了。

如果你在讲话时不知道怎样加动作，就去观察生活。我在设计“成功就像一个气球”这句话的动作时，因为“成功”这个词很抽象，我一时想不出怎样给它加动作。后来有一天，我在电视上看到一位父亲伸出大拇指夸奖儿子，我马上受到启发，就用双手伸出大拇指这个动作来表示“成功”。这个动作非常贴切，让人一看就明白。

这就是第一个原则——生动，通过观察生活来为讲话设计动作。

（2）第二个原则：仿动——模仿事物的形象或模仿动作

“仿动”是什么意思呢？就是模仿事物的形象，或模仿人或动物的动作。我把手势分为两类：第一类叫重复式动作，属于低级手势；第二类叫模仿式动作，属于高级手势。

什么叫重复式动作？比如在说“我们要下定决心，不怕牺牲，排除万难，去争取胜利”时，每句话的手势都一样，都是手握拳头从上到下挥动，这就是重复式动作。

重复式动作给观众的感觉很不舒服。为什么呢？有两个原因：一是视觉上单调，一会儿就看烦了；二是无信息量。老重复一个动作，就无法很好地用手势来传达讲话的信息，起不到帮助观众理解讲话内容的作用。由此看来，我们觉得有些人讲话时动作太多，其实并不是真的动作太多，而是重复式动作太多。如果他做的每个动作都与讲话的内容有关，都能生动形象地传达具体的信息，我们就不觉得他动作太多了。

因此，我们要抛弃重复式动作，学习模仿式动作。模仿式动作包括三种：形象式动作、数字式动作和方位式动作。

什么是数字式动作？比如你在说“第一点”时，伸出一根手指头；说“第二点”时，伸出两根手指头。这就是数字式动作。温家宝总理在答记者问的时候，就很善于使用数字式动作，他经常伸出手指头来提醒记者们注意他想要强调的数字。

什么是方位式动作？比如说“高”的时候，你的手往上伸；说“低”的时候，你的手放下来；说“左”的时候，你要伸出左手；说“右”的时候，你要伸出右手。这就是方位式动作。

我们重点来说一说形象式动作。形象式动作就是尽可能逼真地模仿某些事物的形象或者某些动作。

第一，模仿事物的形象。比如，说“一个气球”的时候，你要比画出一个圆形，让人感觉是一个充满气的气球。如果是一个方方正正的东西，那你就要比画出一个方形。说到小狗的时候，你就缩着手，吐着舌头，模仿小狗的样子；说到醉鬼的时候，你的身体就摇摇晃晃，模仿喝醉的样子。再比如，说“一个气球慢慢地撒气”时，你先比画出一个圆形，然后做圆形慢慢由大变小的动作。

第二，模仿动作。比如说“一推”的时候，你就做从里向外推的动作；说“一拉”的时候，你就做从外向里拉的动作；说“不停地给气球吹气”时，你就做吹气的动作。

总之，模仿形象和模仿动作，从讲话者的角度来说，就是从形似到神似；从观众的角度来说，观众就会觉得更加生动形象，更加吸引人。

（3）第三个原则：同动——动作和语言要同步、合拍

在练习做动作的时候，我们一定要注意动作和语言的同步、合拍。

比如在说"坐着，躺着，打两个滚，踢几脚球，赛几趟跑，捉几回迷藏"的时候，你的动作和语言一定要保持同步。你不能说完"坐着"，然后再做坐下来的动作，或者说完"躺着"，再做躺下来的动作，这样你的动作就比语言晚了一拍，就不是同步的。

朗诵也好，讲话也好，我们的手和口一定要同步。比如，说"第一"的时候，一定要伸出食指；说"第二"的时候，要同时伸出食指和中指。手就像口的指挥，这就像我们在舞台上合唱一样，有一个指挥在前面用手势指挥大家，让大家的声音和他的手势保持同步。手势快，大家就唱得快；手势慢，大家就唱得慢；手势收拢，大家的声音就变小；手势放开，大家的声音就变大。

要想做到口手同动，还要注意"先举"。

什么是"先举"？就是做手势时，要先把手举起来，口手才能同动。因为做动作过程长，而语言说出口过程短。有个成语叫"一举一动"，表明了做动作的过程，先要"举"，也就是先要把手举起来，才能"动"，才能做动作。比如，伸出大拇指夸人"真棒"，手要先举过肩部，再落到胸前的位置。手从上往下落时，"真棒"的"真"字说出口，落下来定住的同时，"真棒"的"棒"字也正好说完。

这里顺便提一下，做手势时先把手举起来还有两个作用：一是能让讲话者自然换气，克服不会换气的毛病；二是能让讲话者自然停顿，克服说话太快的毛病。

比如，说"这两个人，一个在左，一个在右"这句话，举起手伸出两根手指时，自然就吸进一口气，同时也有个停顿，手一定住，就张口说"这两个人"。然后举起左手，吸气，停顿，手定住，说"一个在左”；举起右手，吸气，停顿，手定住，说“一个在右”。就在手的起落之间，既练习了顺畅呼吸，又练习了停顿，把不会换气、说话太快的毛病给治好了。

为什么这么神奇呢？因为举手就要用力气，不吸气，就没有力气，因此自然就会先吸一口气。而且做动作要先举后动，比张口说话慢，举手的时候自然就形成了一个停顿，说话想快都快不起来。

上面我们讲的三个原则——生动、仿动、同动，或许能让你掌握“舞”起来的方法，但还不够，因为讲话时不仅要“舞”起来，还要“舞”得悦目，这样才能满足观众的视觉需求。

怎样才能“舞”得美观大方？

“双人舞”是要让观众“看”的，因此就有一个“舞”得好看不好看的问题。那么，怎样才能“舞”得美观大方呢？我从教学中总结出四个要领：手臂抬；手腕硬；虎口张；手舞在先，眉飞在后。

1. 要领之一：手臂要抬起来

在做手势的时候，手臂一定要抬起来，不能夹着胳肢窝做动作。

以说“前排的同学请坐下，后排的同学请站起来”这句话为例，如果我在做动作的时候，大臂贴在身体两侧不动，就会感觉我的动作很小气，很僵硬。只有把两个胳膊抬起来，做出的动作才舒展、大方。

大家可以自己对着镜子做一下对比练习，先把手臂夹在身体两侧，一边做动作一边说“前排的同学请坐下，后排的同学请站起来”，再把手臂抬起来练习一遍，观察前后的效果，就会对抬手臂有切身体会了。

2. 要领之二：手腕要硬起来

在做动作的时候，手腕不能软，要硬起来，和小臂形成一个整体。

在教学过程中，我发现有些学生在做动作的时候手腕很软，手腕和小臂没有形成一个整体。比如在说“第一点”“第二点”“第三点”时，有的学生做动作，手腕就像折了一样，给人感觉很无力，软绵绵的。

手腕一软，动作就无力，连带着讲话就缺乏激情和感染力。手势的力度和语言的力度是保持同步的，手势坚定，讲话的语气就坚定；手势绵软，语气就绵软。做动作的时候手腕硬起来，无论是视觉上还是听觉上，观众都会感受到你的坚定、自信。

我们也可以对着镜子进行对比练习，比如练习说“第一点”“第二点”“第三点”，做手势的时候，第一遍手腕软绵绵的，第二遍手腕硬起来。这样有比较，你马上就会感受到手腕硬的好处。

3. 要领之三：虎口要张开

做动作的时候，五指要分开，尤其是大拇指和食指之间的虎口要张开。

虎口张开会给人手指有力量的感觉。虎口张开之后，手部肌肉马上绷紧，五指马上就会伸直，指尖就会有力量。我在教学中看到，有的学生做手势的时候，五指并在一起，像鸡爪子一样伸不直，手指没有力量。我让他把虎口张开，他的手马上就显得有劲了，紧跟着语气也有力了。

下面我们也来做一个体验式练习：面对镜子，说两遍“前排的同学请坐下，后排的同学请站起来”。第一遍把五指并拢做动作，第二遍把虎口张开做动作。前后对比，我们就可以切身感受到虎口张开做动作的美感和力度。

为了帮助大家记住以上三个要领，我们来做一个综合的“双人舞”练习：

（抬起双臂）说“第一要手臂抬”；

（手臂和手腕连为一体，竖起来）说“第二要手腕硬”；

（张开虎口）说“第三要虎口张”。

反复练习，形成习惯，做手势就会美观、大方、有力，给观众美的享受。

4. 要领之四：手舞在先，眉飞在后

除了“手舞足蹈”——手势的训练，“双人舞”的训练还包括“眉飞色舞”——面部表情的训练。但是在实际的训练中，我们要以手势的训练为主，面部表情的训练为辅。为什么？因为手势训练是龙头，一做手势，眼前自然就会出现形象。眼前一有了形象，讲话自然就会眉飞色舞，手和眼、眉、嘴等五官形成联动关系。

比如，做“芝麻这么小”的动作时，两根手指一捏，眼睛自然就往手指捏起来的地方看，眉头自然就皱起来了，五官往一起缩，脸上自然就有了嫌芝麻太小的生动表情；做“西瓜这么大”的动作时，两手一比画抱大西瓜，眼睛自然就瞪大了，嘴也不由自主地张开，脸上就展现出西瓜真大的夸张表情。

所以，我们在“双人舞”的训练中，要以“手舞足蹈”为主，以“手舞足蹈”带动“眉飞色舞”。

附：“双人舞”的训练方法和材料

我们将给大家提供三个手势训练的材料：①广告语“速度，力量，激情”；②古诗《望庐山瀑布》；③段子《三乐说》。

1.广告语“速度，力量，激情”——训练讲话的激情

速度，力量，激情。

动作设计：

说“速度”时，右手五指并拢做尖刀状，从腰部起，快速从后往前刺；

说“力量”时，两臂抬起，两手握拳，肌肉收紧；

说“激情”时，两臂向上伸展，两手五指张开。

适合对象：讲话干巴巴，没有激情的人。

练习目的：练习富有激情地讲话。这句广告语的动作力度大，做动作的时候浑身肌肉收紧，气息饱满，语言马上激情澎湃。

2.古诗《望庐山瀑布》——训练讲话的手势和眼神

日照香炉生紫烟，

遥看瀑布挂前川。

飞流直下三千尺，

疑是银河落九天。

动作设计：

（右手伸出，指向斜上方，表示阳光斜照到山峰上，眼睛看向手指的方向）日照香炉（双手缓缓托起，表示烟雾袅袅升起，眼睛随着手势移动）生紫烟，

（右手搭在额头上，眼睛看向远处，表示远望瀑布）遥看瀑布（双手从高到低做挂帘子的动作，眼睛随着手势移动）挂前川。

（双手模仿瀑布从高到低倾泻而下的样子，眼睛随着手势移动）飞流直下（右手伸出三根手指，眼睛向下看，表示看着下方的深潭）三千尺，

（双手指向斜上方，表示指着天空中的银河，眼睛看向手指的方向）疑是银河（双手缓缓从高到低移动，眼睛随着手势移动）落九天。

你也可以根据自己的习惯来为这四句诗设计动作。

适合对象：不会做手势，讲话不生动形象的人。

练习目的：

①练模仿式动作。这首诗是练习模仿式动作的经典材料，“香炉”峰、“瀑布”、“飞流”、“银河”等事物的形象非常鲜明，“生”“遥看”“直下”“落”等动作的动感很强，非常容易模仿，好学好练。

②练眼神。练习这首诗时，动作与眼神变化丰富，配合默契，把这首诗的“双人舞”练好了，就基本解决了面部表情不生动的问题。

还要强调一点，要口手同动。

3.段子《三乐说》——训练讲话的条理性

想要获得幸福快乐的人生，就要做到“三乐”。什么是“三乐”呢？第一乐叫自得其乐，第二乐叫知足常乐，第三乐叫助人为乐。

动作设计：

（双手抚胸，面带微笑）想要获得幸福快乐的人生，（右手伸出三根手指）就要做到“三乐”。

（双手摊开，眼睛看着观众）什么是“三乐”呢？

（右手伸出一根手指）第一乐（双手抚胸，闭眼，摇头晃脑）叫自得其乐，

（右手伸出两根手指）第二乐（做双手捧珍宝状，眼睛看着手中的珍宝）叫知足常乐，

（右手伸出三根手指）第三乐（双手做搀扶老人的动作）叫助人为乐。

适合对象：希望讲话更有条理性的人。

练习目的：

①练习有条有理地讲话。学会用“第一”“第二”“第三”来表明讲话内容的层次和条理。

②练习微笑。一说“乐”字，自然眉开眼笑，嘴角上翘。这段话共有九个“乐”字，经常说，微笑自然就成了习惯。

③锻炼心态。每天练习，《三乐说》的观点就进入了你的潜意识，遇到不开心的事情时，《三乐说》就会帮你排除烦恼，调整心态。

以上三个训练材料的练习要求：

①用“笑手镜”的方法练习。面对镜子，微笑着用耳语练，并加上“双人舞”。

②每天早、晚各练习20遍，21天左右就可以形成肌肉记忆，讲话自然就生动形象了。

③每一句话说完，停三秒，养成适当停顿的习惯，改掉说话快的毛病。

第五章

一简二活三口诀

——快速掌握讲话好听好记之妙法

诀——一简二活三口诀是练识之法，是能够让讲话者把观点说得好记，把论据说得好听，让观众过耳不忘的一套方法。

一简二活三口诀概述

1. 讲话效果好的标准——好听好记

这一章我们要来讲讲“定耳舞诀”讲话训练的第四部分——诀。

“诀”是什么意思，我们后面再解释，这里先探讨一下讲话效果的问题。我经常会在课堂上问学生，你们认为怎样才叫讲话效果好？有的学生说讲话要生动形象，有的说要有感染力，有的说声音要好听，有的说要深入浅出，通俗易懂。这些回答都对。我根据自己的实践和思考，把讲话效果好的标准概括为“两好”：好听好记。

怎样才叫好听好记？我们先来看著名健康教育专家洪昭光曾经说过的一段话：

过量运动有时会造成猝死，很危险，步行运动最合适。怎么步行最好呢？三个字：三、五、七。

什么叫“三”？最好一次3公里，30分钟以上。“五”呢？一个礼拜最少运动5次。“七”呢？是适量运动，过分运动是有害的。那怎么叫适量呢？优良代谢，就是运动到你的年龄加心跳等于170。比如说我

50岁的话，运动到心跳120，加起来是170。这样的运动是优良代谢。那么，如果身体好，可以多一些；身体差，可以少一些。步行运动要量力而行。

最近有组资料，老年人分两组，一组就是一天平均走4.2公里，一组就是基本上不走路。结果发现走4.2公里这组老年人死亡率、冠心病发病率比不走路那组下降60％。这是步行走路的好处啊！

我看报上报道，雷洁琼95岁，问她有什么爱好，她说什么爱好也没有，唯一的一种爱好就是天天走路。我看报上登的陈立夫，他为什么能活到100岁，他也是每天步行。……步行运动坚持下去，可以代替很多保健品。

上面这段话是洪昭光所做的健康知识讲座中的一段内容，集中体现了好听好记的特点。

好听就是始终抓住观众的耳朵和眼睛，观众被你的讲话所吸引，全神贯注地听下去。

洪昭光没有讲一个医学术语，讲的全是老百姓一听就懂的大白话，而且所讲的内容也是老百姓最想了解的。尤其是他善于讲故事、举例子来说明他的观点，让你不能不信。他举了走路与不走路两组老年人的数据，举了95岁的社会学家、教育家雷洁琼坚持走路的例子，都具有很强的说服力和吸引力。

因为好听，观众就会竖起耳朵一直听下去。如果你的讲话抓不住观众的耳朵，观众不愿意听，坐在那里打瞌睡、开小差或者交头接耳，那你准备得再精心，也没有用。

好记就是观众不拿纸笔，不用有意识地去记，听完你的讲话，就把内容记在脑子里了。

讲话光好听还不行，还要好记，要让观众记住你讲的观点和道理，以指导他们的行动。

听讲话与看书不同，看书就像坐公共汽车，听讲话就像坐长途汽车。坐公共汽车，你每站都可以下车。看书也是如此，哪里不明白，你可以停下来反复读；不想看了，你可以放下书来休息一会儿再看。坐长途汽车，你中途就不能随便下车。听讲话也是这样，中间不能停，你不能说这个地方讲得精彩，你给我再讲一遍，而且也不能把笔记记得很完整，你记了前面的，可能就听不到后面的。而听洪昭光的讲话，就像坐了一趟舒舒服服的长途汽车，你兴趣十足地听完了，也把要点轻轻松松、清清楚楚地记住了。比如他讲怎样步行锻炼才最好，讲了“三、五、七”三个数字，又简单又顺口，让你过耳不忘。你不用刻意去记，听一遍自然就记住了。这就叫好记。

所以我把讲话者分为三个等级：一流讲话者讲话，好听又好记；二流讲话者讲话，好听不好记；三流讲话者讲话，既不好听又不好记，那就没有人听了。

那么，怎样才能让讲话好听好记呢？这就是“诀”要解决的问题了。我从洪昭光的健康讲座中受到启发，又经过大量实践和研究，找到了一个秘诀，这个秘诀就叫作“一简二活三口诀”。

2. 什么是一简二活三口诀？

先来看看我的一位学生陈一露的理解：

般老师的“一简二活三口诀”的方法，让我学会了用最简单的方式来表达我所想表达的内容。这里的“简”是指简洁明了，不多说废话；“活”是指举出生动鲜活的例子；“口诀”是指把内容总结归纳为朗朗上口的词语或短句，便于记忆。通过练习，我发现原来用简单明了的方式来表达才是最令人记忆深刻的。

“一简”就是开门见山先表明观点，观点不要超过四个字，最好是一个字。比如，《三乐说》中所说的助人为乐、自得其乐，就是四个字。佛家所讲的贪、嗔、痴和戒、定、慧，都是一个字。儒家所讲的仁、义、礼、智、信，也是一个字就代表一个观点。

“二活”就是讲完观点，紧接着就用生动的事例、数据等来说明观点。

我们经常说要摆事实讲道理，摆事实就是这里所说的“二活”，讲道理就是“一简”。事实胜于雄辩，你不能干巴巴地给人讲道理，要学会用事例、用故事来说明你的道理，这就是“二活”。

“三口诀”指的是把讲话中的两个以上的小观点简化、压缩、串联成一个词。比如，“三军”就是将“海军、陆军、空军”这六个字压缩成了两个字，简单又好记。

我用一个自己主持讲座的例子来说明什么叫一简二活三口诀。下面这段文字是我主持著名经济学家、北京大学教授周其仁的讲座的开场白：

欢迎大家光临珠海文化大讲堂第26期的现场。今天开讲之前首先有一个问题要请教大家，我们今天请到的经济学家名字叫什么？（观众答：周其仁）不对，他叫“周奇人”。（观众笑）这个名字不是我起的，是长江商学院的学生起的。

我总结出“周奇人”有“两奇”：一是讲课奇，二是剑法奇。

先说讲课奇。北大学生说，周教授讲制度经济学的课都是在两三百人的大教室讲，里面人满为患。还有人是路过教室门口被“吸”进去的，本来想听一下就走，结果一听，就不肯走了，因为周教授讲得深入浅出，太吸引人了。

再说剑法奇。他有一本经济学随笔叫《挑灯看剑》，谈当前经济社会问题，观点独树一帜，剑锋直指社会热点。比如，周教授谈到“结构性通胀”的话题是这样说的：这种含含糊糊的提法要误事，牙疼就是牙疼，不要说什么“结构性牙疼”。最让我佩服的是，周教授对民生问题高度关注，他对医保问题连续写了41篇评论文章，忧国忧民之精神让人感动。

下面让我们以热烈的掌声有请北京大学教授、经济学家周其仁先生开讲《改革开放与中国经济增长》。

一简二活三口诀的方法，在这段开场白里集中体现出来：

先总说“两奇”，把“讲课奇”和“剑法奇”这两个观点压缩成了“两奇”两个字，这就是“三口诀”。

然后再分别说“讲课奇”和“剑法奇”这两个观点，这两个观点都是用三个字来表达，这就叫“一简”，观点简练。

亮出“讲课奇”的观点之后，紧接着就举了学生被周其仁讲课所吸引的事例；讲完“剑法奇”的观点之后，马上就举出了周其仁反对“结构性通胀”这种说法的例子。这就叫“二活”，分别以实际的事例来说明观点。

我们再来看看原来主办方为我准备的介绍周其仁的开场白：

主讲人简介：周其仁，男，1950年8月生，北京大学中国经济研究中心（现为北京大学国家发展研究院）教授，著名经济学家。早年在黑龙江下乡，1982年毕业于中国人民大学经济系。20世纪80年代先后在中国社会科学院和国务院农村发展研究中心工作，从事改革与发展问题的经济研究。90年代后，先后到英国和美国多所大学访问、求学，获得美国加州大学洛杉矶分校硕士和博士学位。1995年年底回国到北大中国经济研究中心任教。近年的研究领域包括产权与合约、经济制度变迁理论、企业与市场组织、垄断、管制与管制改革。出版的著作有：《改革面临制度创新》《农村变革与中国发展》《数网竞争》《真实世界的经济学》《产权与制度变迁》《收入是一连串事件》《挑灯看剑——观察经济大时代》《世事胜棋局》等。

两相比较，哪段开场白好听好记呢？自然是前面的。后面这份文字稿内容详尽，介绍全面，但是作为主持人的开场白，不能引起观众的兴趣，一不好听，二不好记，因此我把它舍弃了，自己下功夫，用一简二活三口诀的方法写了一段开场白，一下子调动起观众听讲座的兴趣，也让主讲人耳目一新，精神为之一振，带着愉快的心情登台讲话。

在大学里教授演讲与朗诵课程，我也采用一简二活三口诀的方法，学生们反映好听好记，听课不用记笔记，期末不用总复习。到了期末考试时，我让学生们每人画一棵知识树，他们把一学期学的口诀记得清清楚楚，分别用树枝和果实画得明明白白。

下面我们就详细讲述一简二活三口诀的方法。

简——让观众过耳不忘的秘诀

1. 讲话之大道——观点要少而精

中国古代的伟大思想家老子曾说，大道至简。其实，讲话也要力求简单。

一简二活三口诀中的“一简”就是指观点要非常简洁，表达观点所用的语言越精练越好，字数越少越好。下面我就结合一些例子来讲讲什么叫“一简”。

为什么经过了2000多年，《论语》这本书中的内容还常常被我们提及？原因很多，从传播的角度讲，《论语》是用语录体来写的，言简意赅，这是一个很重要的原因。为什么《论语》要用语录体来写呢？因为古代的时候，文章都是刻在竹简上的，写得太长，竹简太多，就搬不动了，所以一定要写得简短。就因为短，才好口口相传。

《论语》的核心思想就是一个“仁”字，这个字在《论语》中出现了100多次，是出现频率最高的一个字。在孔子看来，最高的道德原则和道德境界就是“仁”。

“仁”是什么意思？孔子说，仁就是“爱人”。“仁”这个字是一个“人”加一个“二”，就是两个人，实际上它说的就是人与人之间的关系，你懂得去爱人，你的人际关系就会处得很好，你就是一个有道德的人。爱人者，人恒爱之，你爱别人，别人也会爱你，这样我们的人际关系就会很和谐，我们的生活就会很幸福。你看孔子只用了一个字，就把我们一生要遵循的生活准则给概括出来了，这就叫大道至简呀！

邓小平讲话也是以高度简练而著称的。“发展才是硬道理”“科学技术是第一生产力”，这些句子简洁有力，朗朗上口。而经常用两三个字回答问题，则更是邓小平的风格。他讲话基本上没有形容词，简洁明了，但其中的道理却耐人寻味。他的孩子们问他长征是怎么过来的，他只讲了三个字：跟着走。问他在太行山坚持抗战做了些什么，他只回答了两个字：吃苦。谈到刘邓大军在解放战争中的战绩，他也只说了两个字：合格。“文革”中，邓小平两次被打倒，后来别人问他是怎么度过最艰难的日子的，他回答说：忍耐。1973年，他从下放的江西回到北京，去见毛泽东，毛泽东问他这些年是怎么过来的，他也只回答了两个字：等待。邓小平的语言简单、实在、干脆，仔细琢磨，却非常到位，很有内涵。

网上有一个流传很广的六字箴言故事：

一个年轻人要离开故乡，去创造自己的未来了。少小离家，心里难免有几分惶恐，动身之前，他去拜访了德高望重的族长，请求指点。

族长正在临帖练字，他听说本村这位后辈要开始踏上人生的旅途，就信手给他写了三个字：不要怕。然后，族长抬起头来，望着前来求教的年轻人说："孩子，人生的秘诀只有六个字，今天先告诉你三个字，让你前半生受用。"

20年后，这个年轻人已步入中年，他有了一些成就，也添了很多伤心事。他决定回故乡去看看，归程漫漫，近乡情怯。回到家，他又去拜访那位族长。

老人已经去世，家人拿出一封密封好的信，对他说："这是老人家生前留给你的，他说有一天你会再来。"他拆开信，里面赫然写着三个大字：不要悔。

人生在世，中年以前不要怕——最大的错误是不敢犯错；中年以后不要悔——最大的遗憾是没有遗憾。这是经验的提炼，智慧的浓缩。

看了这个故事，网上有很多人跟帖。有的说："不要怕，不要悔，记住了。"有的说："年轻不要怕，年老不要悔，六个字道尽一生。好！"有的说："把握今天，抓住现在，勇往直前，无怨无悔！"

可见这六个字引起了多少人的共鸣与感悟。

2. “简”的目的——让讲者、听者都好记

讲话时，运用一简二活三口诀中的“一简”原则，能让观众过耳不忘，记住讲话者传达的观点。说白了，就是两个字：好记。

在公众场合讲话，人们都希望讲话者能传达一种思想。讲话一定要有思想，语言是思想的外壳，讲话的目的是表达思想。只有表达了思想，讲话才有意义。没思想，就不需要讲话。

> 讲话一定要有思想，思想一定要提炼成观点，观点一定要压缩成词。

那么，思想怎样体现呢？这就要把思想提炼成观点。思想就像金矿石，不提炼，就永远是矿石；提炼了，才能变成金子。不把思想提炼成观点，思想就是散乱、混沌的，观众就无法清楚地了解和把握住它。

那么，观点又怎样让人记住呢？这就要把观点变成一句语录式的话，最好压缩成几个关键词，这样才能让人记住。虽然有观点，但表达观点的语言太啰唆，语句太长，观众记不住，那么讲话还是白讲。

其实，好记可以从两个方面来说，首先是讲话者好记，其次才是听讲者好记。

先说讲话者好记。李敖在北大演讲时曾说，罗马教皇说过一句话，演讲的时候不能用稿子，用稿子表示你记不住，如果你自己都记不住，怎么样让听众记得住？这个演讲就失败了。

为什么讲话者记不住讲话内容，演讲就失败了呢？

我们先来分析一下为什么讲话者记不住讲话内容。所谓记不住讲话内容，主要是记不住讲话的要点和大纲，而记不住讲话的要点和大纲，

往往是因为观点太长，表述太复杂。

我曾经听过一个新闻业务讲座，主讲人是一个著名出版集团的老总。在讲到他们集团成功的第一条经验时，这个老总是这么念的：“以读者为本，改进传播方式和手段，提高了舆论引导能力，培育了图书在普通读者中的根植力和亲和力。”为什么我要用“念”字呢？因为他的观点太长，有42个字，他自己也记不住，只好照着稿子上写的念了。他自己都记不住，还能指望听众记住吗？

记不住，就要照稿子念。照稿子念会出现什么结果？眼睛就要一直盯着稿子，无法和观众交流。我们在前面的章节里已经讲过，在讲话过程中，眼睛要自始至终和观众交流，这样才尊重观众，也能吸引观众。眼睛一直看着稿子，不看观众，就是对观众不尊重，也无法吸引观众。

另外，记不住讲话内容，就要一边想一边说。一边想一边说话的时候，眼睛会不由自主地往上翻，这样眼睛也无法和观众交流，也会导致不尊重观众和无法吸引观众的结果。而且，边想边说，思维就不连贯，语言就不完整，会不由自主地加很多“嗯”“啊”之类的无用的语气词。

所以，只有观点简单，表达简洁，讲话者才容易记住，才能思路清晰，注重和观众的眼神交流，达到事半功倍的讲话效果。

再来说说听讲者好记。我在前面已经举了很多例子，说明讲话者传达的观点简单明了，观众听完自然就能记住。

3. 怎样才能做到“简”？

怎样才能做到“简”呢？有三个方法：

（1）第一个方法：增加工序，浓缩观点

写讲话稿的时候，写出观点之后，不能到此为止，要再加一道压缩工序，把观点进行浓缩，由一句话变成一个词。

汪中求的《细节决定成败》一书里讲过两个建设上海地铁的故事，一个是“三级台阶”的故事：

上海地处华东，地势平均高出海平面就那么有限的一点点，一到夏天，雨水经常会使一些建筑物受困。德国的设计师就注意到了这一细节，所以地铁一号线的每一个室外出口都设计了三级台阶，要进入地铁口，必须踏上三级台阶，然后再往下进入地铁站。就是这三级台阶，在下雨天可以阻挡雨水倒灌，从而减轻地铁的防洪压力。事实上，一号线内的那些防汛设施几乎从来没有动用过；而地铁二号线就因为缺了这几级台阶，曾在大雨天被淹，造成巨大的经济损失。

另一个是“一条装饰线”的故事：

每个坐过地铁的人都知道，当你距离轨道太近的时候，机车一来，你就会有一种危险感。德国设计师们在设计上体现着“以人为本”的思想，他们把靠近站台约50厘米内铺上金属装饰，又用黑色大理石嵌了一条边，这样，当乘客走近站台边时，就会有了“警惕”，停在安全线以内；而二号线的设计师们就没想到这一点。地面全部用同一色的瓷砖，乘客很难意识到已经靠近了轨道。地铁公司不得不安排专人来提醒乘客注意安全。

多了一道工序，修了三级台阶，就避免了雨水倒灌地铁的危险；而少了一道工序，就造成雨水倒灌，经济遭受巨大的损失。多加一条装饰线，就避免了人身事故；而少了这道工序，就会造成人身伤亡。我们在准备讲话稿的时候，对观点少了一道压缩的工序，虽然不会造成什么经济损失，却会让讲话的效果大打折扣。不压缩，叫半成品；压缩了，才叫成品。

什么叫将句子压缩成词呢？我们再来看一个例子。

我曾经主持过一场经济学讲座，主讲人是北京师范大学教授、中国经济50人论坛成员、经济学家贺力平，讲座的题目叫《国际金融危机与中国企业的机遇》。讲座结尾的主持词，我第一遍是这样写的："贺教授对全球最新的金融信息了如指掌，并对图表数据进行缜密分析，得出的结论让我们折服。"如果就拿这段话上台说，也没什么错，但是用将句子压缩成词的要求审视一下，这段话就是半成品，还不到位。于是我增加了一道工序，提炼出一个词作为观点。上台时，我的主持词变成了这样："听了贺教授的讲座，我的感受是两个字：折服。贺教授对全球最新的金融信息了如指掌，并对图表数据进行缜密分析，得出的结论让我们折服。"

经过这样一道压缩提炼工序，观点就简化成了两个字：折服。字数少，观众记忆深，同时又引起一个悬念：折服于什么呢？观众就想竖起耳朵往下听，然后再解释折服于什么。这样就能达到让观众听得聚精会神的效果了。

为什么大多数人在讲话中不会将观点由一句话变成一个词呢？这是

习惯使然。没有经过“一简”训练的人，都会有这种习惯，就是只要把自己想表达的观点写成一句话就可以了，不会再去加一道压缩的工序，有意识地把句子变成词。

这种习惯又是由我们所受的教育造成的。我们大多数人从上小学开始，到大学毕业，所学的语文只有“文”——读文章、写文章，而没有“语”——口头语言表达。也就是说，我们只受过写书面文章的训练，没学过写讲话稿，经常拿着书面文章当讲话稿用。

在表达观点时，书面语与口语的最大区别就是，书面语要全，而口语要简。

书面文章是要给读者看的，它的观点要经得起反复推敲，所以强调全，在表达时，文字要严谨，难免语句比较长。讲话是要给听众听的，所以强调简，表达观点的句子太长，听众就记不住，所以不用顾忌观点的严谨性，要尽可能把句子压缩提炼成词，简洁有力，让人好记，就达到效果了。如果用一句话来表达观点对文章来说是成品，那么对讲话来说，则只能算是半成品。就是一些经常讲话、很会讲话的人，也常会犯观点求全不求简的毛病。

有一位金融行业的领导人，在一个关于金融业发展的论坛上演讲。他讲了三个观点：“一、从战略和全局高度认识建立现代金融制度的紧迫性和必然性。二、深化金融改革，加快建立现代金融制度框架。三、准确把握社会主义新形势下经济建设的要求，不断提升金融服务水平。”这三句话，如果是写文章，做小标题，那就没有问题，但是照搬到论坛演讲中作为观点，就显得太长了，听众根本无法记住要点。

再说说我自己。虽然我天天教别人讲话要简洁好记，但也常常不自觉地把观点写得很长，不经压缩，就拿着讲稿上台。

我给学生上当众讲话能力训练课，讲到要学会微笑的原因时，我原来的幻灯片上是这样写的：

为何要笑？①可以打开口腔共鸣。②笑一笑，十年少。心情好，身体就好。③微笑能给人带来好运气。

讲第一遍的时候，我没有意识到不够简练，到第二遍的时候，我才发现这样表述不够简练。于是我做了压缩，压缩成了这样：

为何要笑？①好声——打开口腔共鸣；②好身——经络通，身体好；③好运——基督教教义中的“镜子”原理。

经过压缩之后，观点变成了“三好”：好声、好身、好运。学生无论是看幻灯片还是听老师讲，都能一下子记住这六个字。

《论语》用语录体来写，其实是被逼出来的，因为竹简太重，不方便搬运，所以不能写太多字。邓小平讲话简练，是因为战争时期经常需要发电报，因此他养成了讲话简练的习惯。所以，我们要想让观众对我们的讲话过耳不忘，就要时刻和自己的写作习惯做斗争，在写讲话稿时，逼着自己加一道工序，对观点进行压缩，把一句话变成一个词，养成新的习惯。

（2）第二个方法：压缩字数，提炼观点

想要简化观点，就一定要压缩字数，这符合人们口头语言表达的规律和习惯。

我从《新华文摘》上看到一个例子，手机的叫法就是从六个字压缩成四个字，再压缩成两个字。邵敬敏、刘杰的论文《从“手机”看不同华语社区同义词群的竞争与选择》中写道：“‘手机’应该是个意译词，是‘手提式电话机’的简称，取该名词的首和尾构成。”论文中的图表显示，在1995—1996年，华人集中的地区对手机的叫法各不相同，但都是四个字，中国香港地区叫“流动电话”，中国澳门地区叫“手提电话”，中国台湾地区叫“行动电话”，新加坡叫“随身电话”，上海叫“移动电话”，北京也叫“移动电话”。而到了2001—2002年，上述这六地对手机的叫法全改成了两个字：手机。

这就说明不论哪个国家、哪个地区，压缩字数求简单都是人们语言表达的习惯。

那么，压缩观点的字数，要压缩到什么程度呢？最多四个字，最好一个字。

我们先来看几个四字观点的例子。

著名演讲家、《演讲与口才》主编邵守义在讲到好口才的标准时讲了四个观点，让人记忆深刻。他说：“口才有没有具体的标准呢？我们说，口才是有具体标准的。第一，应该言之有理，不是胡说八道，歪理邪说；第二，应该言之有物，不是杂乱无章，空洞无物；第三，应该言之有序，那就是有条有理，条清理晰；第四，应该言之有文，你讲得生动、形象、活泼，让听众也愿意听。……具备了这四条的时候，我们说，这人有口才了。”

你看，言之有理、言之有物、言之有序、言之有文，好口才的四条标准，条条都是四个字，表明一个观点。

我们在第四章给大家提供了“双人舞”的练习段子《三乐说》：“想要获得幸福快乐的人生，就要做到‘三乐’。什么是‘三乐’呢？第一乐叫自得其乐，第二乐叫知足常乐，第三乐叫助人为乐。”自得其乐、知足常乐、助人为乐，也都是四个字的观点。

为什么表达观点的字数最多不要超过四个字呢？这是因为中国人喜欢用四个字的成语来表达观点，说明道理。

之所以喜欢用四字成语，有这么几个原因：

一是约定俗成。除了四字成语，汉语中还有很多四个字以上的成语或惯用短语，比如五个字的“更上一层楼”“快刀斩乱麻”，六个字的“驴唇不对马嘴”“前怕狼，后怕虎”，七个字的“山雨欲来风满楼”“醉翁之意不在酒”，八个字的“欲加之罪，何患无辞”“己所不欲，勿施于人”，等等。为什么人们就喜欢用四字成语呢？这是千百年来人们用嘴投票的结果。从古到今，我们中国的老百姓都习惯用四字成语，就说明四个字的长度是最好的，我们就要遵从这种长期以来形成的习惯。

二是你说我知。四字成语大多来源于古代汉语，有着文言文的特点，且含义深刻、精辟，一字一意，为什么人人都会使用，人人都听得明白呢？就是因为我们从小都学过成语，对成语耳熟能详。从小学一年级开始，我们就一直在学习成语。有的孩子可能还在牙牙学语，父母就在有意无意地教他们成语。拿我自己来说，我记得很清楚，“杯弓蛇影”“滥竽充数”“黔驴技穷”“杞人忧天”“叶公好龙”这些成语，我都是在小学的语文课上学会的。

这些成语你知我也知，所以讲话者用成语表达观点，言简意赅，观众一听就明白，一听就记得住。

三是压缩效用。四字成语基本都是由长句子压缩而来的，能删的字都删掉了，该挤的水分都挤掉了，保留下来的四个字不多也不少，无法再精简了。

那么，成语主要是从哪些材料中压缩而来的呢？

首先是从诗文中压缩而来。比如，成语“有恃无恐”出自《左传·僖公二十六年》中的“室如悬罄，野无青草，何恃而不恐？”，由13个字压缩到4个字；成语“举一反三”出自《论语·述而》中的“举一隅不以三隅反，则不复也”，由12个字压缩到4个字；成语“有条不紊”出自《尚书·盘庚上》中的“若网在纲，有条而不紊”，由9个字压缩到4个字；成语“打草惊蛇”出自《南唐近事》中的“汝虽打草，吾已蛇惊”一句，由8个字压缩到4个字。

其次是从故事中压缩而来。这类成语大多由古代的寓言故事或历史典故凝缩而成，含有劝诫讽刺意味，如“守株待兔”“塞翁失马”“与虎谋皮”“对牛弹琴”“黔驴技穷”等等。

四是朗朗上口。汉语的音节大都是成双成对的，听起来节奏齐整，铿锵有力。四字成语一般都是由两个词组成的，如“鬼斧神工”“桃红柳绿”“杯弓蛇影”，正好符合双音节的特点，听起来节奏鲜明。

再者，汉语有四声，四个字的语言结构能产生各种声调变化，读起来有声音上的美感。《诗经》这部中国最早的诗歌总集，共305篇，基本上都是四个字一句，这种四字句短小精悍，节奏明快，读起来抑扬顿挫。

我在教学生练习用气发声的基本功时，常常让他们练习“百炼成钢”这个成语，就是因为这个成语包含了汉语的四声，完美体现了声调的抑扬顿挫之美：“百”是三声，先下后上，到了山顶；“炼”是四声，又从上到下，下到山底；“成”是二声，再从下到上，到了山顶；

“钢”是一声，在山顶平着走，声音绵延不绝。汉语的声调之美尽在其中。

明白了这四点，也就明白了为什么要用四个字来表达观点了。

也许有读者会问，如果四字成语无法表达我的观点，我也非得用四字成语吗？那也不是，还是要视情况而定。如果用四字成语能让你言简意赅地表达观点，你就用；如果词不达意，或者画蛇添足，你就不要用。

只要言之成理，你还可以自己造四字词来表达观点。

《应用写作》杂志上有篇文章谈到给领导写讲话稿的黄金法则，一共有四条，我们先来看看：

一是文如其人。这里的“人”不是讲话稿的写作者，而是指讲话稿的使用者。……

二是言当其时。这里的“时”是多维的概念，既有时间维度又有空间维度。领导讲话总是在一定的时间和空间进行的，所以讲话稿的写作一定不能无视时空的限制。……

三是有的放矢。这里“的”有两方面所指，一是讲话的内容，二是讲话的对象。……

四是文无定法。这里的“法”是指写作的章法，文无定法并非“无法”，而是指有很多法。……

这四条黄金法则，第一条“文如其人”，第三条“有的放矢”，第四条“文无定法”，都是成语，而第二条“言当其时”就不是成语，是自己造的四字词，但言之成理，听者明白。这种方法自然是应该提倡的。

再举一个例子，我们来看这样一段话：

根据人们的德与才，我们可以划分出三类人：第一类是有德有才，第二类是有德无才，第三类是有才无德。

“有德有才”“有德无才”“有才无德”这三个观点都是四个字，第一个观点“有德有才”是一个惯用短语，而第二个和第三个观点是从“有德有才”这个惯用短语中改造、引申出来的四字短语。

我们前面提到邵守义所讲的好口才的第四条标准“言之有文”，也不是成语，而是根据孔子所说的“言之无文，行而不远”造出来的四字词。

简到极致，就是把观点压缩成一个字。

我曾经参加过一次电视节目录制，节目的主题是讨论女孩子怎样避免“嫁错郎”。我讲了三个观点：女孩子嫁郎要坚持牛论、鸟论、马论。“牛”的意思是“身无彩凤双飞翼，心有灵犀一点通”，找老公，两个人的价值观要一致，心灵要像犀牛角的白色纹理线一样相通。“鸟”的意思是“在天愿作比翼鸟，在地愿为连理枝”，要找能和自己共同进步的伴侣。“马”的意思是找老公就像炒股票一样，要找黑马，不找白马。我把已婚的成功男士比作白马，把有成功潜质的男孩子比作黑马，要找那些能吃苦、能吃亏的男孩子，这样的人将来成功的希望大。一个字代表一个观点，好听好记。这期节目播出两三年后，有观众碰到我，还记得我当初讲的“动物三论”呢！

滩、城、市，这是著名学者王鲁湘在概括上海、北京、广州三个城市的特点时提出的观点。滩——上海是一个在滩涂港口上发展起来的外向型城市，城——北京是一个围在四四方方的城墙中的城市，市——广州是一个商业贸易发达的城市。把三个城市的特点分别压缩成一个字，也非常好记。

一个字的观点就像珍珠，夺人眼目；

一个字的观点就像子弹，嵌入脑海。

将观点压缩到一个字，其实是一种思维训练，目的是培养高度概括的思维能力。艺不压身，掌握了这种方法，把简练地表达观点变成自己的一种讲话习惯，你就多了一个加强讲话传播效果的利器。

（3）第三个方法：调顺序，先亮观点

要把观点从讲话稿的中间和结尾处调到开头，开门见山地表明观点，也就是一上来就先把观点亮出来，这样才能先声夺人，让观众记住。我的很多学生在没有经过训练时，上台讲话常常先讲过程和体会，最后才讲观点，这就是没有开门见山地亮出观点。

比如，有一位学生的讲话是这样的：

一转眼，当众讲话能力训练课已经上了半个学期。老师在第一节课上就告诉我们要每天坚持练习绕口令，要持之以恒地练习，我现在终于做到了。有几次，我晚上已经躺在床上，突然想起还没有完成当天的定额作业，于是我又爬起来练习，练完才睡觉。我想如果我能做到“恒”练，就必定能“滴水穿石”！

内容不空洞，讲得也很生动，毛病就是没有把观点放在开头，让观众琢磨不透他到底想说明什么。如果将观点从后面调整到开头，就先声夺人了：

上当众讲话能力训练课，我最大的感受就是要做到一个字：恒。

一转眼，这门课已经上了半个学期。老师在第一节课上就告诉我们要每天坚持练习绕口令，要持之以恒地练习，我现在终于做到了。有几次，我晚上已经躺在床上，突然想起还没有完成当天的定额作业，于是我又爬起来练习，练完才睡觉。我想如果我能做到“恒”练，就必定能“滴水穿石”！

经过这样一调整，把观点放在前面，先说观点，观众一下子就明白你想说什么了，就不用费尽心思猜了。

以上我们讲了一简二活三口诀中的“一简”，就是对讲话的观点进行简化的方法。接下来我们再来讲“二活”，就是让讲话好听，吸引人的方法。

活——让观众喜闻乐听的诀窍

什么叫“活”？就是要用事实做论据，亮出观点以后，紧接着就举出生动鲜活的事例，让观众喜闻乐听。下面我们就来介绍怎样做到“活”。

1.怎样才能做到“活”?

（1）想要“活”，就要讲故事

美国的一位叫吉姆·卢卡谢夫斯基的演讲专家说，一张图片可能相当于一千个单词，但是一个好故事抵得上一万张图片。讲故事就是有这么大的功效。

我们来看一个唐骏的例子。唐骏曾经是中国身价最高的职业经理人，有“打工皇帝”之称。他先是担任微软中国区总裁，后来又出任盛大网络公司总裁，创造了日薪50万元的纪录，之后又跳槽到新华都集团出任总裁兼CEO，“转会”身价高达10亿元。唐骏的演讲，从来都是用两个字表达观点，接着就讲述生动形象的故事。比如他给大学生演讲，会给他们提出一条建议，就是做事情要执着。

接下来怎么讲?换成一般人，可能会这样讲:

为什么要执着呢?因为世界上的事情，没有一做就成功的，不管做什么事情，都会遇到困难。如果一遇到困难就退缩，知难而退，那就永远也做不成事情。

这就叫讲大道理，这也是讲话的大忌。毛泽东在《实践论》中讲，认识是从感性阶段发展到理性阶段的。讲故事能带给人感性认识，而讲大道理、讲概念只能让人产生理性认识。上面这段话的道理都对，但是只有抽象的概念，没有具体的事例，不能让观众产生感性认识，有切身感受，因此道理再正确，也等于白讲。

我们来看看唐骏亮出观点之后是怎么讲的:

我那时在北京邮电上学，花了两年时间考研究生，考了全校第一，当时每个重点院校有两个名额可以保送到美国，但我却没被保上。你们知道我当时是弱势群体，没有什么权利，但我不甘心就这样，然后四处打听，打听到北京广播学院还有一个空的名额，我就去北广找老师，说想把学籍从北邮转到北广来。老师说，你为什么要转到北广来？我说为了中国的广播事业，中国的广播事业太落后了，我想尽一份自己的力量。老师说中国的邮电事业比广播事业还要落后，你怎么不推进邮电事业的发展呢？我说我太喜欢广播事业了，想为它献身，那时候的老师“纯”哪（全场爆笑），几句话就被我感动了。老师说好吧。

经过复杂的转学手续转到了北广，我就向老师说想出国留学，老师怀疑地说，你是不是为了出国才转到北广的？我说不是，我想出国学人家先进的技术回来武装中国的广播事业。你们知道，那时候的老师“纯”哪（更爆笑），他相信了。但是他说，申报名额已经交到教育部了，时间已经耽搁了。我就去找教育部出国留学司司长，他说已经审批完了，现在来不及了。

我那时候很失望，但我不想放弃，不想以前的努力就这么白费了。你们知道咱们大学生是弱势群体，什么也改变不了，咱们什么都没有，但有的是时间，于是我就想了一个我能想到的办法，很简单很笨的办法：我开始去教育部“上班”，上班地点是教育部门口（台下狂笑）。司长早上来上班的时候，我就迎上去说，司长好，来上班了？中午司长出门去对面食堂吃饭的时候，我就说司长吃饭啦，吃好点啊！司长吃饭回来的时候，我就说，司长吃完了，还有点时间，你可以午睡一会儿。下午下班的时候，我说，司长下班了？

就这样一天两天，司长很奇怪什么时候教育部门口多了个保安，还只给他打招呼。你们知道，人啊，不怕被人恨，被人凶，就怕被人盯上，司长开始不得劲了。我倒无所谓，我还有四个月才毕业，这段时间我正好没地方去，就可以天天到教育部来“上班”，感觉也都很气派，来教育部上班（台下爆笑）。

到第五天的时候，司长撑不住了，中午我照样说，司长吃完啦，还有点时间可以午睡一下。司长说我不午睡了，你跟我上来一下。进了司长办公室，司长问你干吗的，我就说明了原因。司长什么也没说。第六天我照样过去“上班”，中午的时候又被叫进去，司长给了我一堆资料说这些你填一下，我就拿回去填。

第七天，司长给了我一张纸，说这是你一直想要的东西，那张纸就是出国留学批准证。（全场爆发出热烈的掌声）大家知道吗？人们需要执着的精神，你就拿出执着的精神给他们看，世上就没有办不成的事。（全场响起热烈的掌声）

如果唐骏不讲这个到教育部上班的生动故事，“执着”就只是一个抽象的概念，而讲了这个故事，观众就对“执着”有了切身的感受和深刻的理解，产生了深深的共鸣，于是爆发出热烈的掌声。亮出观点后直接讲故事，“一简”完了马上“二活”，这就是唐骏演讲的诀窍。

我们再来看看房地产界的风云人物，被称为“商界哲人”的冯仑演讲的例子。在一次演讲中，冯仑说，真正的企业家要追求无我，李嘉诚先生虽然是华人首富，但是他待人平等，追求无我，值得他好好学习。

如果冯仑的演讲到此为止，就有毛病了，毛病就出在缺了“二活”。他说李嘉诚追求无我，值得他好好学习，你冯仑知道李嘉诚是怎么追求无我的，很受感动，但观众不知道李嘉诚到底有哪些追求无我的事例，就无法被感动，印象就不深刻。冯仑不愧是出色的演讲家，他接着就讲起了故事：

一个月前我去香港，和李嘉诚吃了一次饭，感触非常大。李先生76岁，是华人世界的财富状元，也是内地商人的偶像。大家可以想象，这样的人会怎么样？一般伟大的人物都会等大家到来坐好，然后才会缓缓过来，讲几句话。如果要吃饭，他一定坐在主桌，有个名签，我们企业界20多人中相对伟大的人会坐在他边上，其余人坐在其他桌，饭还没有吃完，李大爷就应该走了。如果他是这样，我们也不会怪他，因为他是伟大的人。

但是我非常感动的是，我们进到电梯口，开电梯门的时候，李先生在门口等我们，然后给我们发名片。这已经出乎我们意料——李先生的身份和地位已经不需要用名片了！但是他像做小买卖的人一样给我们发名片。发名片后，我们一个人抽了一个签，这个签就是一个号，就是我们照相站的位置，是随便抽的。我当时想为什么照相还要抽签，后来才知道，这是用心良苦，为了大家都舒服，否则怎么站呢？

抽号照相后又抽个号，说是吃饭的位置，又为大家舒服。最后让李先生说几句，他说也没有什么讲的，主要和大家见面。后来大家鼓掌让他讲，他就说我把生活当中的一些体会与大家分享吧。然后看着几个老外，用英语讲了几句，又用粤语讲了几句，把全场的人都照顾到了。他讲的是“建立自我，追求无我”，就是让自己强大起来要建立自我，追求无我，把自己融入到生活和社会当中，不要给大家压力，让大家感觉不到你的存在，来接纳你、喜欢你、欢迎你。

之后我们就吃饭。我抽到的正好是挨着他隔一个人的位子，我以为可以就近聊天，但吃了一会儿，李先生起来了，说抱歉，我要到那个桌子坐一会儿。后来，我发现他们安排李先生在每一个桌子坐15分钟，总共4桌，每桌都只坐15分钟，正好一小时。

临走的时候，他说一定要与大家告别握手，每个人都要握到，包括边上的服务人员，然后又送大家到电梯口，直到电梯关上才走。这就是他的追求无我，显然，在这个过程中，他都做到了。

正是这个故事让李嘉诚先生的形象在我们心中一下子高大起来，生动起来，丰满起来，让我们对“追求无我”有了深刻认识，真正知道了自己应该怎样做一个平等待人的人。

（2）想要“活”，就要讲细节

有时候，因为时间所限，在亮出观点后，我们没法讲一个完整的故事，这时候就要学会讲细节。以小见大，讲好细节，同样能够让观众对你所表达的观点产生深刻认识。这里所说的细节，包括能够有力地支持观点的事物的细节、人们的细微的举止动作等。

有一次，我为著名经济学家郎咸平的讲座做主持人。郎咸平的讲座非常吸引人，本来预计在中午11点50分结束，结果一直讲到12点半才结束。这时该我上场说结束语了，我看了一下表，是12点29分，我就抓住这个细节来说结束语。我说：“今天的讲座破例进行到了12点29分，但是我发现1000人的会场鸦雀无声，没有一个人提前离开会场，由此可见郎先生讲座的魅力。”结果下面的观众再一次报以热烈的掌声。

下来以后，郎咸平称赞我主持专业，能够抓住12点29分这个时间上的细节来说明他做讲座的效果。

你看，抓住一个时间上的细节，就可以收到很好的讲话效果，可见细节的力量。

再来看一个用动作细节说明观点的例子。我的一位学生在演讲中说："我的老师非常热爱学生。当每一位学生演讲完，从台上下来的时候，老师不是敷衍地把双手放在胸前鼓掌，而是把双手高举到自己面前用力地拍。从这个动作中，我感受到了老师对我们发自内心的爱。"

学生通过观察，抓住老师高举双手鼓掌的这个动作细节来说明老师对学生的爱，以小见大，让人信服。

（3）想要"活"，就要讲数字

想要"活"，还可以用数字来说明观点。

国家科技部原部长徐冠华曾在中央电视台《中国经济大讲堂》节目中讲到新世纪的特点之一是"知识爆炸"，他列举了几个数字，给我的印象非常深刻。他说在20世纪初，全世界的分支学科一共有600多门，经过100年的发展，到21世纪初，已经有6000多门，增加到原来的10倍。这还不算，从21世纪初到2020年这20年左右的时间里，人类所拥有的知识还要增加90%。

这两组数字一讲，让人直观地感受到"知识爆炸"的力量，给人非常深刻的印象。这就是用数字说话。

还有一个关于数字的经典故事：

斯坦门茨是德国的一位著名技术专家。一家美国公司的一台电机坏了，几经努力都没有修好，于是他们请来了斯坦门茨。他检查之后，用粉笔在电机外壳上画了一条线，说："打开电机，把记号处的线圈减少n圈，就好了。"人们将信将疑地照办了，果然成功了。

电机修好后，斯坦门茨向老板索要一万美元的报酬。老板说："用粉笔画一条线就要一万美元，这也太贵了！"斯坦门茨说："用粉笔画一条线并不贵，只要1美元，但判断出在哪儿画线却要9999美元。"老板折服了，照付了钱，并且花重金买下了斯坦门茨所工作的公司。

画一条线只需1美元，但是判断出在哪里画线的技术与经验值9999美元，这两个数字让人对知识与经验的价值有了深刻的认识。如果你不举出具体的数字，只说画一条线只要很少的钱，而判断出在哪里画线则要很多钱，听众就不会对技术的价值有很深刻的理解。

2.运用"二活"的好处

用事例或故事说明观点有三个好处：一是吸引观众，二是浅显易懂，三是引起联想。

（1）好处之一：吸引观众

讲故事能很好地吸引观众，让观众爱听，竖起耳朵听，聚精会神地听。

我在给学生上课时，有一个固定的环节，我会先给他们讲一段我的人生感悟，说白了就是用一简二活的方法讲一段话。学生们最爱听我讲人生感悟，每次课堂上都鸦雀无声，一个个都全神贯注地听我讲。下面我们就来看看我是怎样讲的：

我今天想和大家分享一条人生感悟：活在当下。

有一次，我主持华南理工大学工商管理学院教授陈春花的讲座。讲座开头，我是这样讲的：在中国，著名的企业家很多，著名的教授也很多，著名的教授兼企业家却很少，著名的女教授兼女企业家就更是凤毛麟角，而陈春花就是其中一位。为什么这样说呢？因为她首先是一位著名的女教授，她是华南理工大学工商管理学院教授，还是新加坡国立大学客座教授和南京大学外聘教授，她所教授的工商管理学课程知名度很高。同时，她又是一位出色的女企业家，曾担任山东六和集团总裁，将企业的年销售额从28亿元做到了74亿元。

讲座结束后，我问她为什么能把教授和企业家这两个角色都做得这么出色。她说，我是活在当下。我问她这是什么意思，她说就是吃饭就吃饭，睡觉就睡觉，干什么事都专心致志。她说她在六和集团当总裁的时候，白天考虑企业经营，就完全不想教书写书的事，晚上8点钟开始写书，就一点也不想企业经营的事。

听完以后我明白了，我们在做任何事的时候都要“身在曹营心在曹”，而不能“身在曹营心在汉”。

我在讲这个“活在当下”的故事时，全班没有一点声响，每个学生的眼睛都放着光，专注地看着我，大家都在认真地听讲。听得专注，自然就记得牢。

人们为什么喜欢听故事？这和人的潜意识有关。人的潜意识又叫右脑意识，它的重要特征之一就是喜欢带有感情色彩的信息，不喜欢抽象的理性信息。所以无论男女老少，都喜欢听故事，而不喜欢听那些枯燥抽象的大道理。因此，我们在讲话的时候，一定要避免讲枯燥乏味的抽象概念，要下功夫挑选一些生动形象的故事，再加上“双人舞”，把故事讲得生动精彩。这样，不用我们去强迫，观众自然会竖起耳朵听，讲话自然会达到好听的效果。

（2）好处之二：浅显易懂

讲故事可以把深奥难懂的道理变得浅显易懂。

唐骏在盛大网络公司担任总裁的时候，去过三次华尔街，为盛大做了三次路演，每次都令盛大的股票大涨。他是怎么做到的呢？就是靠讲故事。

唐骏回忆道：

第二次，盛大进行了重大转型，投资者不理解免费的模式，股价严重下挫。第一天路演后，我发现美国人并不接受。美国人和中国人不一样，一定要讲他们听得懂的故事。第二天，我就讲了一个迪士尼的故事。美国迪士尼的商业模式很简单：一个是门票，一个是在迪士尼乐园里的消费。我告诉他们，盛大免费模式就相当于假设迪士尼乐园减免了门票，但是进去玩的人多了，他们在迪士尼买了更多的玩具，吃了更多东西，赚的钱反而比门票钱更多。盛大游戏免费了，但每个人在盛大又买了很多道具，这些收入完全可以弥补过去的“门票”，甚至可以超过它。结果路演后，盛大的股票从当时的14.5美元一下子攀升到20美元。

唐骏讲故事，就是把美国人听不懂的免费网游模式变成他们所熟知的迪士尼的模式。于是，美国人听懂了，听明白了，认可了盛大的转型，盛大的股价自然就涨上去了。看来，会讲故事不单单能吸引观众，在商场上，还能赚来白花花的银子。

（3）好处之三：引起联想

运用“二活”的第三个好处是能使观众产生联想。《读者》上曾登载过一个师爱无痕的故事，文章中写道：

吴兴的日记里就记着这样一件事：

期中考试分数出来了，我又是倒数第一……回家的路上，碰到王老师……然后王老师给我出了一道选择题：有三个人，第一个信奉巫师，经常酗酒，嗜烟如命，还有两个情妇；第二个贪睡，中午才起床，每晚要喝一公斤白兰地，还吸鸦片，曾两次被赶出办公室；第三个是国家战斗英雄，喜欢素食，不吸烟，年轻时无违法犯罪记录。你说，这三个人中，最后谁能成为最出色的英雄人物呢？我选了第三个。但我答错了。因为第一个是罗斯福，第二个是丘吉尔，第三个是希特勒。最后老师说：“过去不等于未来。行动起来，下一个英雄人物就是你！”

改变就在瞬间，自此，吴兴发生了脱胎换骨的变化。一年后，吴兴进入了年级前十名。

吴兴的变化是怎样产生的？是联想产生的。王老师自始至终没有批评吴兴一个字，而是给他讲了一个故事。吴兴下意识地从故事中产生了联想：我的过去不代表未来。于是，他放下包袱，转变观念，奋起直追。最后，奇迹发生了。

说话听声，锣鼓听音，故事的弦外之音往往就是润物的细雨、拂面的春风，不知不觉就将人给感化、教化了。

我每次在课堂上给学生讲人生感悟，其实都是针对他们的不足讲的，但我从来不批评他们一个字，只是讲故事，讲我的感悟。因为我知道，越批评，学生越逆反，而讲故事给他们听，他们自然会从中联想到自己，从而受到教育。

每次我都是先讲观点，再讲故事，然后让学生现场写作业：你从中联想到了什么？来看看我给学生讲过的一个关于“舍得”的故事：

今天老师和你们分享的人生感悟是“舍得”。

有一家小医药公司只有三个人，一个老板，两个员工。其中一个员工是销售员，除了干自己的业务之外，什么都不干。而另一个员工，业务能力不是很强，但任劳任怨，接待客户、收发传真、卸货、跑工商税务部门，什么都干。三年后，老板赚了钱转行了。大家说，他会把这家公司交给谁打理？

他把公司交给了什么都干的第二位员工。这倒不是单纯因为第二位员工听话，而是因为他在打杂过程中熟悉了公司整体的运作，而第一位员工却不具备这种综合素质。第二位员工因为有舍，所以才有得；第一位员工因为不肯舍，所以没有得。

听完了这个关于“舍得”的故事，学生们写下了自己的联想：

代梦迎：我想到了高考。高三这一年里，我付出了很多，也舍弃了很多，冷落了一些朋友，放弃了一些爱好，但我今天却坐在了大学的教室里。我认为，我的付出是值得的。

金朗：当老师让我们猜谁会是那家公司的接班人时，我立刻选了第一个人。老师解释之后，我恍然大悟。我以后一定要当第二个人那样的人。

刘敏勤：我正在练习弓道，牺牲了很多休息时间，但我得到了快乐，学到了很多知识和技巧。我真真切切地感受到了“舍得”二字的内涵。

王漫娜：记得小时候，我有吃的东西时，总舍不得分给哥哥。妈妈对我说，你把东西分给哥哥一点，下次他有好吃的，也会分给你。这样做看似你损失了，其实你得到了更多。

徐语鸿：想到自己每天都在抱怨上课时间长，累，没有时间上网、逛街、玩，其实这也是一种舍得。如果现在一味享受，那么收获的秋天就不会来临。

在听故事的联想中，有的学生再次强化了自己对“舍得”的正确认识，有的学生反省了自己的不足，这都是故事带来的润物无声的教化作用。

3. 怎样让鲜活的故事出现在讲话中？

要想让鲜活的故事出现在讲话中，就需要通过多种途径找故事：用眼找，用脑找，用手找。

（1）用眼找，训练观察力

有个成语叫“视而不见”，意思就是虽然睁着眼睛，却什么也看不见，因为不注意观察。比如，我让学生举例说明老师上课的特点，结果学生往往说得出特点，举不出例子。有的学生说，老师爱笑。我问，怎么笑的？说不出来。有的学生说，老师很爱夸奖学生。让他举个例子，举不出来。

一位学生在课后“一字悟”作业中写道：“亲——今天上了老师的课，感觉老师很亲切。尽管我在台上时错漏百出，但老师仍然给了我莫大的鼓励。感谢老师！师生之情，毕生难忘。”

这位学生的作业，情很真，但是缺乏生动的例子，只是说老师“给了我莫大的鼓励”，但缺少具体的语言、动作等细节，结果只能晓观众以理，无法动观众以情。因为人们总是触景生情，只有感受到真实的场景，才能生出感情。只讲理性的道理，没有举出具体的例子，观众就无法产生感情。

为了训练学生观察细节的能力，我在上课前布置了一项作业：观察老师讲课的一个细节，写成一两百字的“一字悟”作业，然后现场朗读。这样一布置作业，学生就开始用心观察了。两节课下来，大部分学生都观察到了我讲课的细节。

来看两个例子：

陈职权：赞——老师有一个赞扬学生的细节，让我印象深刻。课间休息时，我站起来向老师请教问题，老师立即伸出大拇指对我说：“有胆！不错！非常好！”如果把我站起来之前的不自信比作一块大石头的话，老师的赞扬就是一把千斤大锤，“砰”的一下把大石头给砸碎了，下手非常“狠”。听到老师的赞扬，我立即自信起来，腿不哆嗦了，眼神也不飘忽了，笑容更加迷人，问问题也非常流畅。老师的赞扬，给了我信心。

陈伊潇：夸——从第一周上课开始，老师便经常夸奖我们。比如，老师经常会说“非常好”“非常棒”。今天，老师还用了“难得”“难能可贵”“深深”等字眼。比如，当我们练习完段子《三乐说》之后，老师便很真诚地说：“老师被你们的表演深深感动了！”这样的表扬，不仅使我们感到温暖，更激励我们进步。谢谢老师的夸奖！

坚持进行观察细节的训练，学生的观察力就会逐步提高，讲话、写文章就能举出生动的事例来。

（2）用脑找，训练发散思维能力

用脑找故事，就是进行发散思维。在写讲话稿时，不要想到一个材料就动笔写，先从四面八方去想，把想到的材料都记下来，再从中挑选“珍珠”。

比如，围绕“清明假期‘一字悟’”这个题目，我让学生先列出10个材料来，然后从中选出最好的一个材料展开写。

一位叫杨国伟的同学列出了这样10个材料：①表弟开始上班；②老爸爬山不如以前；③带小朋友打球，感受到做大人的责任；④家长，一家之主；⑤清明塞车；⑥墓地人多；⑦亲情；⑧中国传统；⑨感性和理性的我；⑩烦躁。

最后，他从10个材料中选取了第四个材料——家长，一家之主——

来写讲话稿。为什么选这个材料呢？他的理由是：一、与清明气氛吻合；二、自己感受最深。

我们来看看他是怎样写的：

家

清明时节思故人。还记得奶奶去世的时候，爸爸说，奶奶走了，这个家就没了。奶奶是我们家的主心骨，我们家大大小小的事都是由奶奶安排的。奶奶去世后，爷爷搬到了城里去住，老家的房子空了，一家人的凝聚力也随之减弱了。

想起奶奶，想起爸爸的话，我更感受到家的重要性。无论多忙，我都应该多抽出些时间陪陪家人。一家人开开心心，彼此关心，是最让人幸福快乐的事情。

他在演讲的时候，不禁有些哽咽，同学们也产生了共鸣，台下一片默然。正是通过发散思维，这位同学才捡到了“珍珠”，让自己的讲话产生了意想不到的效果。

只有经过量的积累，才能产生质的变化。只有积累了众多材料，才有从容挑选的余地，才能在比较中筛选出以一当十的事例来。

（3）用手找，训练上网搜索能力

网络上有着最丰富的材料，我们可以利用网络搜集生动的事例。那么，怎样才能搜出经典的故事呢？

有一个前提：平时要多读书报。平时阅读广泛，脑子里装的东西才多，才会对一些经典事例有印象，要用的时候，再到网上去搜索详细准确的资料。

比如，我曾经在《读者》杂志上看到冯仑谈李嘉诚先生平等待人的故事，记住了李嘉诚给每个人派发名片，吃饭的时候在每桌都坐一会儿的内容。有了这个印象，写书、讲课需要用到具体材料的时候，我就去网上搜索。我在网上输入“冯仑谈李嘉诚”，一下就找到完整的故事了。

再比如，我给学生讲人生感悟“忠”。一开始我输入关键词“关于‘忠’的故事”，结果找到了一个不说朋友坏话的故事，我觉得不够经典，于是我又输入成功人士的人名来找。我输入了几个人名，都没有找到合适的故事。我不甘心，想起《时尚芭莎》主编苏芒的一个故事可能对路，于是又在网上找。结果，功夫不负有心人，我从她的成长故事里找到了一个关于“忠”的故事，我觉得比较经典，能比较有力地说明观点。

我是这样给学生讲的：

做人一要忠，二要孝。今天我和大家分享的人生感悟是“忠”。

（在幻灯片上打出苏芒的照片）这是鲁豫所说的中国最漂亮的杂志女主编，《时尚芭莎》的执行出版人兼主编苏芒。

苏芒从中国音乐学院毕业没几年，就去了时尚杂志社工作。刚来不到一个月，老板就让她去赛特大厦催款，她就骑着自行车去了赛特大厦。

到了前台，她跟人家说她是时尚杂志社的，来催款，要找×××。人家不想理她，就说×××在开会，让她等一会儿。她就坐在那儿等。

等了一阵子，人家说×××开会不知道要开到什么时候，要不你别等了，明天再来吧。她说不行，我老板让我把钱要回去。

苏芒是一个一根筋的人，她就坐在那儿一直等。其实苏芒要找的人知道有人找他，他从苏芒旁边经过了好几次，也没理苏芒。后来他看苏芒一直在那儿坐着，终于忍不住了，就对苏芒说她要的东西还没做出来，让她先回去。苏芒说不行，我老板让我拿着支票回去。

就这样一直等到6点半，那个人终于把支票给了苏芒。苏芒骑着自行车回到公司，老板看到她很惊讶，没想到她真的把支票拿回来了。

这就是“忠”，人前人后一个样。如果苏芒去要钱，人家不给，她就回去了，老板也无话可说。但是苏芒在无人监督的情况下，一根筋，要不回钱来不罢休，对老板忠心耿耿。

这个故事非常贴切地说明了“忠”的道理，学生听后深受启发。因此，只要肯下功夫，就一定能从网上搜索到合适的故事。

在网上找故事不难，但是对故事进行取舍，选出最有力的故事来说明观点却不太容易。下面我们就讲讲选故事的原则。

4. 怎样从众多材料中选用材料?

怎样选用材料？这里面也有学问，要把握三个原则：深、新、活。

有一次，我主持著名作家王蒙的文学讲座。我从网上搜集了不少关于王蒙的资料，比如他20岁出头就发表了小说《组织部新来的青年人》，后被打为右派；他在新疆生活工作了16年；20世纪80年代，他当了文化部部长；他勤奋写作，写出了1500万字的作品。这些材料都很好，到底用哪个呢？我犹豫不决。

后来我按照“深、新、活”的原则对材料进行了筛选，我的主持词是这样说的：

在中国的作家中，王蒙是极勤奋者之一，他写下了1500万字的作品。古人讲著作等身，我想请教大家，如果把王蒙的作品一本本码起来的话，有多高？

（观众中有人说1.5米，有人说2米，还有人说1.8米。）

我专门拿书做了实验，1500万字的作品摞起来大约有1.7米，真的是“著作等身”啊！

我想观众听了我对王蒙的简短介绍，一定会对这位长者肃然起敬。

我为什么选用这个材料呢？第一，它能反映出王蒙写作勤奋，意义深；第二，1500万字的作品相当于1.7米高，材料新；第三，现场互动，先提问，再回答，形式活。结果我的讲话收到了很好的效果，王蒙也非常满意。

5. 怎样才能把故事讲好？

选对了故事，讲不好，也会前功尽弃，因此这里还有一个怎样讲故事的问题。

（1）要把故事讲透彻，讲完整

伤其十指，不如断其一指，与其讲十个故事，不如把一个故事讲透彻，讲完整。《中华读书报》上刊登过一篇文章，批评过于崇拜名人的现象：

可惜的是，中国有些人崇尚名人。

名人用过的东西叫文物，凡人用过的东西就叫废物；名人喜欢喝酒，是豪饮，凡人就是贪杯；名人表示亲切，握一下手，就是平易近人，凡人就是巴结人；名人强词夺理，没有道理也能说出道理来，就是雄辩，凡人就是狡辩；名人做些蠢事，很荒唐的事，就是名人逸事，凡人就是犯傻了；名人发脾气是有个性，凡人就是劣根性；名人年纪大了，就叫王老，凡人就只能叫老王……

作为报上刊登的文章，这段话连说七种崇拜名人的现象，文采飞扬，道理明白，让人拍案叫绝。但是作为讲话稿，这段话就不能给人留下很深的印象，因为连讲七种现象都是蜻蜓点水，水过地皮湿。这就叫未讲透。只有抓住一两种现象，讲透一两个崇拜名人的故事，才能给观众留下深刻印象。

我还看到过一篇文章，为了说明观点，作者举了几个例子，但都没有讲完整，没有讲出具体的细节。我们来看看作者是怎样写的：

自卑、自负都在极力阻止你的成功，是失败的伴随者。那么自强呢？我以为自强乃是成功的基石。

我国宋朝大文豪苏洵，几次赶考都名落孙山，一些人更是对他冷嘲热讽，但他没有灰心，而是闭门苦读，终于因散文有极高的造诣而名列唐宋八大家；举世闻名的音乐家贝多芬，30岁就耳聋，他没有屈服于命运的安排，在听不见声音的情况下，创作了大量优秀作品，并谱出时代的最强音“扼住命运的咽喉”；居里夫人，这位伟大的科学家，作为镭的发现者，荣获诺贝尔化学奖，耀眼荣誉没有使她陶醉，她仍如从前一样孜孜不倦地工作，使她成为两次获得这一殊荣的唯一女性。

作者一共举了三个例子，讲苏洵“没有灰心”，讲贝多芬“没有屈服于命运的安排”，讲居里夫人“孜孜不倦地工作”，但都没有讲他们具体是怎样做的，所以就难以给人深刻的启迪。如果只举一个人物的例子，把一个故事讲完整，讲出细节，就会大不一样，能收到以一当十的效果。

（2）要把故事讲确切，不模糊

我在课堂上给学生出过这样一个讲话题目：面试经验“一字悟”。有个学生是这样讲的：

前几天，我去参加某市的大学生招聘会，跑了好几家企业，终于有一家金融企业看了我的资料，还问了我一个问题：你有什么长处？由于我没有准备，没有回答好这个问题，最终失败而归。

这段讲话就犯了不确切的毛病。不确切反映在三个方面：第一，用代词，不用名词。“某市”是哪个市？“一家金融企业”是哪家企业？经过我的追问，大家才知道原来“某市”是“深圳市”，“一家金融企业”是“深圳发展银行”。第二，用模糊数字，不用精确数字。“前几天”“跑了好几家企业”，都是模糊的数字，其实“前几天”是“上个星期天”，“跑了好几家企业”是“跑了八家企业”。第三，有结论，无例子。“没有回答好这个问题”是结论，没有具体的例子来说明怎么没有回答好。

经过我的指导，这个学生修改了他的讲话稿，最后他是这样说的：

上个星期天，我去参加深圳市的大学生招聘会，跑了八家企业，终于有一家金融企业——深圳发展银行接收了我的简历，还问了我一个问题：你有什么长处？由于我没有准备，这个问题我想了一分钟，也没有想到答案。最后我脸一红，就走了。这场招聘会，我失败而归。

模糊的数字经常会给观众带来疑问和猜想，让他们分神；精确的数字才能给观众带来联想。所以，我每次主持珠海文化大讲堂的时候，都要求自己列举的数字要精确。比如，我在主持俞敏洪的讲座时，是这样说开场白的：

俞敏洪老师是一只蜗牛。

这是他自己在多场演讲中反复讲的一个故事，他说只有两种动物可以登上人生金字塔的顶端，一种是展翅高飞的雄鹰，一种是坚持不懈地缓慢爬行的蜗牛，而他就是蜗牛。他考大学，连考三年，终于考上了北京大学西语系。1993年，他开办新东方学校，开班时，只有13个学生。经过15年的发展，到2008年，新东方在37个城市办了分校，每年培训150万人次，而俞老师本人则登上了中国富豪榜这座“金字塔”。

此外，俞老师还在攀登另一座“金字塔”。他每年资助2000名大学生完成他们的学业，还在扬州办了一所私立学校，而他梦想中的私立人文大学正在筹备中。

俞老师是安装了电动马达的蜗牛，他今天上午在深圳演讲，1点钟刚刚到珠海，3点钟就要开始演讲，今天晚上还要到中山大学（珠海校区）去演讲。

在这段主持词中，我使用的都是精确数字。这些数字散落在各种资料里，需要仔细去寻找，有些还要认真核对。比如俞敏洪每年资助多少名大学生完成学业的数字，我在网上查到的是2005年的资料，是1500名，那么时隔3年，到了2008年，这个数字又是多少呢？我在讲座开场前专门跟他核对，了解到最新的数字是2000名，我马上进行修改，用了最新的数字。

以上我们讲了在讲话中运用“二活”技巧的方法，包括怎样找故事，怎样从众多故事中挑选故事，怎样讲好故事。接下来我们开始解读“三口诀”。

口诀——提炼讲话观点的妙法

一简二活三口诀中的“三口诀”，就是把讲话中两个以上的小观点口诀化，压缩、串联成一个词。就像吃羊肉串，用一根铁签把一小块一小块羊肉穿起来，拿着这根铁签，就把一串羊肉拿在手上了。也像吃糖葫芦，七八个山里红拿竹签一穿，既不沾手，还吃着方便。

比如“三军”，就是海军、陆军、空军。“海军、陆军、空军”

是六个字，太长，为了好说好记，我们就把它压缩，变成了两个字：三军。

再比如“三农”，就是农村、农业、农民，都有一个“农”字，就压缩成了“三农”。

自古以来，中国人就喜欢使用这种言简意赅的口诀化的表达方式，汉语中有很多经过压缩的口诀化的惯用短语。比如“四书五经”，“四书”是指《论语》《孟子》《大学》《中庸》四部作品，“五经”是指《诗经》《尚书》《礼记》《易经》《春秋》五部作品，为了简单好记，就压缩成了“四书五经”。时间长了，“四书五经”也泛指儒家经典著作。

再比如“五脏六腑”，最开始“五脏”是指心、肝、脾、肺、肾，“六腑”是指胃、小肠、大肠、胆、膀胱、三焦，现在也统指人体内的各种器官。

类似的例子还有很多，比如“三山五岳”“五湖四海”“七情六欲”等。这些口诀化的短语都是经过长期发展所形成的具有中华民族特色的语言，我们应该珍惜这些自古以来的语言瑰宝，在讲话中活学活用。

1. 口诀化的三大好处

（1）口诀化的好处之一：好记忆

把讲话中的小观点进行口诀化的压缩，提炼成一个关键词，便于观众记忆，观众只要记住一个关键词，就能联想起一串内容。

洪昭光的健康讲座中有个著名的口诀——“三个半分钟”，很多老年人记得特别清楚。什么是“三个半分钟”呢？洪昭光说：

科学家在遥控心电图监测时，发现很多人白天心电图正常，晚上突然心肌缺血，提前收缩。是什么道理呢？因为，他突然一起床，一下子血压低了，脑缺血使心脏停跳。为此，科学家提出了“三个半分钟”，即醒过来不要马上起床，在床上躺半分钟；坐起来再等半分钟；两条腿垂在床沿又等半分钟。经过这三个半分钟，不花一分钱，脑缺血没有了，心脏很安全，减少了很多不必要的猝死，不必要的心肌梗塞，不必要的脑中风。

你看，洪昭光将科学的医学保健知识简化提炼成一个口诀——“三个半分钟”，记忆力不好的老年人只需记住“三个半分钟”这个口诀，就很容易想起具体内容。

（2）口诀化的好处之二：有悬念

设置悬念是一个吸引观众往下听的有效方法。我们常听到说书人说“欲知后事如何，且听下回分解”，其实这就是设置悬念。

我们先来看一个著名作家郁达夫讲课的例子：

有一次，郁达夫应邀演讲文艺创作，他上台在黑板上写了“快短命”三个大字。台下听众见状，都觉得十分奇怪。郁达夫写完三个大字，接着说：“本人今天要讲的题目是《文艺创作的基本概念》，黑板上的三个字就是要诀。‘快’就是痛快，‘短’就是精简扼要，‘命’就是不离命题。演讲和作文一样，也不可以说得天花乱坠，离题太远。

完了。”

“快短命”就是一个口诀，就是一个悬念。“台下听众见状，都觉得十分奇怪”，听众觉得奇怪，就说明好奇心被勾出来了，就会不由自主想要往下听。这就是设置悬念的神奇作用。

再来看一个我给学生上课的例子。有一次，我给学生讲如何做职业规划，我是这样说的：

大学生怎样做职业规划呢？我总结出了“三要说”。什么叫“三要说”？就是要好、要小、要早。

第一是“要好”，就是要根据自己的兴趣爱好来寻找自己的职业方向。常言说，热爱是最好的老师。第二是“要小”，就是要缩小职业范围，比如做记者，你要想清楚你是想做报刊记者，还是电视记者，还是广播记者，缩小范围，明确目标。第三是“要早”，就是定下职业目标之后，就要早早开始准备，进行定向实习。

先抛出口诀化的“三要说”的观点，就相当于设置了一个悬念。一讲到这里，学生脸上就露出了急切的神情，想知道什么叫“三要说”，就会不由自主地竖起耳朵往下听。然后我再进一步解释“三要说”的意思。

为了让大家更好地理解“三要说”，我又接着讲了一个故事：

广州大学新闻系的一位同学一毕业就被上海的一家著名期刊社录用

为电影版的编辑。为什么？因为他在大学期间看了1000部电影，从大一开始就写电影评论，先后在报纸、杂志、网络上发表了很多优秀影评。

这位同学的经历正符合职业规划的“三要说”。第一要好，因为他酷爱看电影，才会在大学四年里看1000部电影，正是这1000部电影让他见多识广，眼光独特。第二要小，他不是宽泛地设定想做记者、做编辑的职业目标，而是定位在影评人的职业上，这样就容易取得突破。第三要早，他一上大学就开始写电影评论，经过四年的磨炼，具备了超越一般人的写作能力。

（3）口诀化的好处之三：层次清

把讲话的观点压缩成口诀，可以使讲话层次清晰。首先，讲话者用口诀给自己画了一个框架，就不会跑题，不会漫无边际地讲，这就叫给自己一个清楚。其次，讲话者开宗明义地亮出口诀化的观点，观众一听就知道要讲几个问题，这就叫给观众一个明白。

我们再来看一个洪昭光的例子，他曾总结说健康生活要做到三个“平”：

平常饭菜：一荤一素一菇

联合国粮农组织最近提出一个新的口号，21世纪最合理的膳食结构就六个字：一荤一素一菇。我自己吃饭也是这样，每顿饭有一个荤菜，牛羊猪肉、鸡鸭鱼虾、鸡蛋都可以；一个素菜，萝卜、青菜，或者几样青菜混在一起一个菜；还要有一个菇，香菇、树菇、草菇、金针菇、黑木耳或者海带都可以。……

平和心态：乐观是超级保健药

何为好心情？就是有好心，还得有好情。好心是爱心、善心、真心。科学研究表明，爱心多，内啡肽释放就多，人体微循环得到改善，免疫力提高。爱心使人健康，善心使人美丽，真心使人快乐。好情是友情、亲情、爱情。友情使人宽容，亲情使人温馨，爱情使人幸福。有了这三个心，有了这三种情，你一定有好心情。……

平均身材：不胖不瘦不堵

病人肥胖、高血压，我跟他讲，你一定“超载”。……因此必须减轻体重。肥胖对身体有什么损害呢？简单一句话，20世纪70年代，保险公司有个统计数字，超重1公斤，少活8个月。90年代重新统计，超重1公斤，少活4个月。不管少活几个月，超重减寿那是肯定的。肥胖就是疾病的象征，肥胖就是衰老的象征。

洪昭光开门见山地亮出口诀化的观点：健康生活要做到三个“平”。这就等于给自己设定了一个框架，只讲这三个问题，多了不讲，同时也给观众做了一个声明，告诉观众要讲几个问题，这样观众心里就有底了，就会打起精神往下听。如果开头不亮出这三个“平”，观众糊里糊涂，不知道你要讲几个问题，听讲的注意力就会受到影响。

归纳起来，口诀化的三个好处就是：好记忆、有悬念、层次清。

2. 怎样才能口诀化？

那么，怎样将讲话的观点口诀化呢？我总结出了“四同”的方法：

同字压缩，同音替代，同韵集合，同性相连。

（1）口诀化方法之一：同字压缩

同字压缩就是找出几个观点中相同的字，压缩成一个词。

比如，我在主持经济学家巴曙松的演讲时，是这样说开场白的：

著名经济学家巴曙松的特点有“两最”：最年轻的著名经济学家，最有实践经验的经济学家。

先说最年轻，巴曙松在34岁时担任了国务院发展研究中心金融研究所副所长，在39岁时担任中共中央政治局集体学习主讲专家。

再说最有实践经验，他曾担任过中国银行杭州市分行副行长，中银香港助理总经理，又刚刚从中央人民政府驻香港联络办公室经济部副部长的职位上卸任，丰富的金融行业从业经历使他成为为数不多的有丰富实践经验的中青年经济学家。

这个“两最”，就是把“最年轻的著名经济学家”和“最有实践经验的经济学家”这两个观点中都有的“最”字提炼出来，压缩成“两最”。

再比如，我在前面讲到耳语练声法有“三美”的作用——美声、美身、美神。这个“三美”也是提炼出三个观点中都有的“美”字，压缩成口诀化的观点“三美”。

我还提出过一个观点，叫“双求论”，就是一要“向正求”，遇到挫折失败，要去想它正面的意义；二要“向内求”，与人发生矛盾，改变不了别人，就先改变自己。这样才能有一个良好的心态。“双求论”

的观点，也是同字压缩。

那么，怎样进行同字压缩呢?

第一步，先把几个观点格式化，就是每个观点都用相同的字数来表达，并且每个观点都有一个相同的字。比如《三乐说》中的“自得其乐”“知足常乐”“助人为乐”，每个观点都是四个字，并且每个观点中都有一个“乐”字。

第二步，对几个观点进行压缩。“自得其乐”“知足常乐”和“助人为乐”这三个观点都有“乐”字，就压缩成了“三乐说”。

我曾经让学生做过一个现场作业，来练习同字压缩。我先给学生提供了一段材料：

二月河是一位以写清代帝王小说著称的作家，他写的关于康熙、雍正、乾隆三位皇帝的小说十分畅销，前两部还被改编为长篇历史电视剧，轰动一时。

后来记者采访他，问他成功的秘诀是什么。他说，我做事一是守时，二是守信，而且在一段时间只做一件事。

然后我让学生把二月河所说的成功秘诀进行口诀化的同字压缩，第一步就是将“一段时间只做一件事”压缩成两个字，而且第一个字也应该是“守”。

结果有的学生说“守事”，有的说“守恒”，有的说“守一”。最后大家选了“守事”，意思就是守着一件事做到底。这样，三个观点就变成了“守时，守信，守事”。

第二步就是将这三个观点进行压缩。大家轻易就把“守时，守信，守事”压缩成了“三守”，总结出了二月河的成功秘诀——“三守说”。

同字压缩的方法比较简单，容易掌握，在实际中使用较多。

现在请大家也来做一个同字压缩的作业，我们来看下面这段话：

财政部部长谢旭人当初在就任国家税务总局局长的时候，向记者这样介绍自己：“我在财政部时管过‘花钱’，在农业发展银行时管过‘用钱’，在国家经贸委时管过企业‘挣钱’，现在又管‘收钱’了。”

我们怎样用同字压缩的方法对这段话进行概括呢？很简单，谢旭人说了四个观点——“花钱”“用钱”“挣钱”“收钱”，我们可以将这四个观点压缩成“四钱”，把这段话概括成“谢旭人笑谈他是‘四钱官员’”。

（2）口诀化方法之二：同音替代

同音替代其实就是谐音法。

我们来看一个例子。1953年3月，毛泽东在中南海勤政殿参加会议。当他看到新闻总署署长胡乔木与出版总署署长胡愈之在谈笑时，即兴作联道：“新闻胡，出版胡，二胡拉拉唱唱。”

毛泽东所作对联中的“二胡”，就是一个谐音口诀。“二胡”本来是指一种民族乐器，这里借“二胡”的谐音指“新闻胡”胡乔木和“出版胡”胡愈之。这个谐音口诀真是神来之“诀”呀！

再比如，北大的“一塔湖图”也是一个经典的谐音口诀。我们在百度百科中搜索“一塔湖图”，可以看到如下解释：

“一塔湖图”是对北京大学校园内三个著名地点的概括，即博雅塔、未名湖和北京大学图书馆。……

人们开始以“一塔湖图”（一塌糊涂）来概括燕园的风景，不知从什么时候开始，语虽诙谐，却也恰切。……有人说，博雅塔是一支硕大的神来之笔，而未名湖则是一方来自天池的巨砚，一代又一代的北大人挥动着这支神笔，饱蘸未名之墨，共同书写了百年北大的辉煌历史，而图书馆则正好是北大百年历史的最好见证和保存者……

字面上是“一塔湖图”，听起来却是“一塌糊涂”，细解释又是三个景观，怕也只有北大才子才有如此妙思。

我们在前面讲到的“双人舞”技巧，也是一个谐音口诀。从字面上看，“双人舞”是一个舞蹈术语，一解释，方知是指“手舞足蹈”和“眉飞色舞”，也就是使讲话生动形象的方法。恍然大悟中，大家一下子就把“双人舞”技巧记住了。

（3）口诀化方法之三：同韵集合

同韵集合就是把声母不同而韵母相同的几个观点集合在一起，形成口诀。说白了，就是把押韵的字放在一起。

比如我总结出的“蹦碰梦”三字诀，就是一个同韵集合型口诀。人们通常会在什么情况下产生灵感呢？一是蹦，大脑放松的时候，容易产生灵感，比如听音乐、散步的时候，突然蹦出灵感；二是碰，进行思维碰撞的时候，比如讨论问题的时候，也容易产生灵感；三是梦，在睡梦中也会产生灵感。

“蹦”“碰”“梦”这三个字的韵母是一样的，都是“eng”，因此我把它们放在一起，形成一个同韵集合型口诀。

再比如“点线面”，也是一个同韵集合型口诀。“点线面”是我在教电视频道经营这门课时总结出的电视频道品牌经营的口诀化的观点。“点”就是抓重点，每一年集中人力、物力、财力打造好一到两个重点节目；“线”就是经过三到五年的努力，将名牌栏目串成一条线，打造出名牌频道；“面”就是在频道和其他媒体上对频道品牌进行全面推广。

“点”“线”“面”这三个字的韵母都是“ian”，因此我也把它们串联成一个同韵集合型口诀。

（4）口诀化方法之四：同性相连

同性相连就是将几个观点中词性相同的字挑出来，连成一个口诀。

比如“孔孟之道”就是一个同性相连型口诀，是指以孔子和孟子为代表的儒家思想。“孔”是个名词，指孔子；“孟”也是个名词，指孟子。从孔子和孟子的名字中各取一个字串联起来，称为“孔孟之道”。

再比如“老庄哲学”，也是一个同性相连型口诀，指老子和庄子的哲学思想。

洪昭光讲过一个健康饮食的口诀，叫“红黄黑白绿”。“红”是指西红柿、红葡萄酒等红色食物，“黄”是指玉米、南瓜等黄色食物，“黑”是指黑木耳等黑色食物，“白”是指燕麦等白色食物，“绿”是指绿茶等绿色食物。

这个口诀是由表示颜色的字组成的，这些字都是形容词，因此这也是一个同性相连型口诀。

以上我们详细介绍了一简二活三口诀的练识之法，最后我们再来讲讲一简二活三口诀的训练方法。

附：一简二活三口诀的训练方法

1.“四说”结构训练

运用一简二活三口诀的方法写讲话稿时，我们要采用“四说”的结构，也就是先总说，再分说，然后细说，最后再总说。

总说就是开门见山地亮出口诀化的观点；分说就是一一表明每个小观点；细说就是用事例来说明每个小观点；再总说就是最后再将口诀化的观点重复一遍，以使观众加深印象。

我们以下面这段讲话稿《三乐说》为例来说明：

三乐说

想要获得幸福快乐的人生，就一定要做到“三乐”。

第一乐叫自得其乐。业余时间看看书，打打球，培养一个业余爱好。

第二乐叫知足常乐。珍惜自己拥有的青春、健康，不去羡慕别人开宝马，住别墅。

第三乐叫助人为乐。看到老人上车，马上让个座；有人问路，马上热情指引。

做到了这“三乐”，你就会感到内心快乐。

第一段中的“三乐”就是总说，亮出口诀化的观点。

第二段中的“自得其乐”，第三段中的“知足常乐”，第四段中的“助人为乐”，就是分说三个小观点。

第二段中的“业余时间看看书，打打球，培养一个业余爱好”，第三段中的“珍惜自己拥有的青春、健康，不去羡慕别人开宝马，住别墅”，第四段中的“看到老人上车，马上让个座；有人问路，马上热情指引”，就是分别用事例来细说三个小观点。

第五段中的“三乐”又是总说，再次强调口诀化的总观点，使观众加深记忆。

“总说—分说—细说—总说”的结构能让讲话好听又好记，初学讲话者采用这个简洁实用的模板练习写讲话稿，很快就能上路。

2.“四三二”讲话戒律训练

当众讲话想要达到好听好记的效果，还要遵从“四三二”的讲话戒律。

①观点不能超过四个字。我们在前面介绍“一简”的原则时已经讲过了，观点要简练，不要超过四个字，最好是一个字，这样才好记。

②观点不要超过三个。

为什么呢？一是记得住。如果讲十个八个观点，听讲者脑子就乱了，记不住。

二是讲得透。俗话说贪多嚼不烂，观点一多，就难以把每个观点都讲明白，讲透彻。有一位管理学讲师讲执行力，五分钟讲了九点，只有骨，没有肉。

三是最经济。我们都知道，三条腿的凳子既稳固，又节省材料，是最经济的。讲话也是如此，讲三个观点就足以把道理讲清楚了。讲得太少，不够全面透彻；讲得太多，费力不讨好，所以讲三个观点比较适当。

③举例说明观点时，最好用两个事例。一般情况下，讲一个例子太少，观众对观点的印象不深；讲三个例子又太多，一来占用太多时间，二来观众也会觉得重复啰唆，注意力不集中。用两个例子说明一个观点，就能起到强化观点的作用，使观众加深记忆。

我们把这个“四三二”原则叫作戒律，是希望引起初学讲话者的重视，同时也给大家提供一个量化的标准，便于记忆和操作。

3.“一字悟”训练

“一字悟”训练，就是把每天按照本书要求进行练习的感受用一个字的观点和一两百字的生动事例写下来。

举个“一字悟”的写作例子：

勤

进行循环式综合练胆，我最深的体会是一个字：勤。三次上台练习，每次我都有不同的感受。第一次，我觉得很紧张，动作拘谨，不自然。第二次，我就比较放松了，动作比较自然。第三次，我感到更加自信沉着，手和口也配合得更加熟练。所以，只要勤加练习，没有什么是做不好的。

“勤”就是一个字的观点，三次练习的不同感受就是具体的例子。

写一个字的观点，是练习“一简”，训练高度概括观点的能力。写一两百字的例子，是练习“二活”，训练细致观察事物的能力。只有平时注意观察，才能把最能说明观点的例子写详细，写生动。

要求：每天写一段“一字悟”，写完以后背下来，对着镜子练习演讲，坚持三个月。

4.发散思维与收敛思维训练

要求：

①以“练习耳语法‘一字悟’”为题，列出想到的10个素材，训练发散思维能力。

②从10个素材中选出一个最有意义的素材，训练收敛思维能力。

③列出选择这个素材的三条理由。

可参考我们在前面提到的清明假期“一字悟”练习的例子。

以上我们给读者提供的四种一简二活三口诀的训练方法，都是要从动笔写作入手。希望大家能静下心来，认真按照以上方法进行练习，不偷工减料，不走样。经过反复练习，熟练掌握这些方法后，再灵活运用，最后推陈出新，找到更好的当众讲话训练方法。

结尾的话

这是一本帮大家进行讲话训练的书。看这本书不是为了消遣，而是为了切实提高当众讲话能力。为了让大家早日练出效果，特提供“三招论”供大家参考。

三招论——仿招、练招、创招

学习“定耳舞诀”这套方法，急不得，懒不得，要经过仿招、练招、创招三个阶段。就像学开车一样，先是教练手把手教，你跟着学，把基本动作学会，这就叫仿招。然后自己反复练习，把动作练熟，这就叫练招。熟练以后，你就可以在各种不同的路况条件下自如驾驶了，这就是创招。

1. 仿招——一定要从模仿开始

人们学习口头语言和肢体语言，都是从模仿开始的。在婴幼儿时期，我们牙牙学语，通过不断的模仿，慢慢学会了说话。学打篮球，学打太极拳，学游泳，学乐器，凡是学习要形成肌肉记忆的技能，也都要从模仿开始。讲话能力训练也是一种技能训练，也要从模仿开始。

仿招时，一要不贪多，二要不走样，以一当十，反复把一个段子练熟练精。定耳舞诀法的训练内容，都是我在教学中让学生反复实践的，效果很好。比如练习“速度，力量，激情”这句话，从动作到眼神都要严格按老师教的做，不能走样。学会了，就反复练习这句话，坚持一周，就能取得明显效果。

本书的读者无法面对面地跟着老师学，可以上网搜索我的讲座视频来观看，并跟着模仿。

仿招时还一定要对着镜子练，镜子是最严格的“老师”，对着镜子练，就不会走样。

2. 练招——贵在潜心静气

练招是从量变到质变的量变阶段。学会了方法后，就要天天练习，反复练习。

在这个阶段，最忌一个“烦”字，最需要一个“静”字。要静下心来，不厌其烦地一遍一遍练习。早上要练，晚上也要练，拳不离手，曲不离口。开始时可能还要去想动作，熟了以后，就不用去想动作，自然就能做出来。再练下去，就会不由自主地加动作，不加动作反而不习惯了。

有量的积累，才有质的变化，把心思花在量的积累上，质变的那一天不知不觉就会到来。

3. 创招——熟能生巧，随心所欲

创招是从量变到质变的质变阶段。经过大量练习，养成了习惯，形成了肌肉记忆。

这个阶段有两个特点：一是手口合一。只要一张口，就会不由自主地加手势，做表情。这个时候，让你不加手势，不做表情，你反而不习惯，就像戴了手铐一样。二是随心所欲，也就是能根据讲话内容自然而然地做出生动形象的手势和表情。到了这个阶段，讲话就不会让你难受，而是让你享受了。

用“三招论”来进行定耳舞诀法的训练，在不知不觉中，你就会成为一个讲话声情并茂、有胆有识、好听好记的人，而这也是我最大的心愿!

后 记

在这本书就要收尾的时候，我正发愁怎样写后记。

一日，我在批改学生学习当众讲话能力训练课的期末作业，看着看着，我的眼睛湿润了，学生们所写的种种真经历、真感情、真收获、真快乐让我深受感动。我突然想到，用学生所写的期末作业作为本书的后记，可能是最好的。

下面是我教过的北京师范大学–香港浸会大学联合国际学院大一学生张宏哲所写的期末作业，以做后记。

讲话训练课，让我享受莫大的快乐

一学期的讲话能力训练课已经结束了，看似漫长，实则短暂。回忆起来，这门课带给我更多的是感动和快乐，这门课让我们这些曾经自卑的人从不敢登台讲话到自信登台，精彩表现，在相互感动中共同进步，享受莫大的快乐。

中学的时候，我很不自信，上课害怕被老师提问，害怕在全班同学面前回答问题，因为我怕自己说错，遭到耻笑。我在班里很被动，失去了很多与老师、同学沟通交流的机会。时间长了，我就产生了自卑心理。后来，我渐渐认识到自卑会使人不敢交流，不敢竞争，不敢上进，久而久之，身边的朋友都会远离自己。

于是我努力学习，以求在学习上取得特别的优势，让同学们因为钦佩我的学习成绩而慢慢愿意和我一起玩。初三那年，我的成绩排在了全班前列，围在我身边的同学渐渐多起来了。我以为这样就是最好的与人交流的方法了。

上了大学，我渐渐发现，与人交流根本不是这样的，关键是要学会讲话，学会与人进行情感上的交流。

我选修讲话能力训练这门课，是想学习实用的语言表达技能，以便更好地与人沟通交流，建立和谐、健康的人际关系。一个学期以来，我跟着殷亚敏老师从《人一之》的段子开始练习，循序渐进，坚持不懈。今天，我已经能够勇敢地站在讲台上，在众目睽睽之下声情并茂地演讲段子《三孝说》，这难道不是飞跃式的进步吗?

我写下这篇期末作业，上交一份，自己保留一份。我会把这篇作业保存在我的电脑中，永不删除，以做纪念。

第一，见证自己。在殷老师的指导下，我学习了当众讲话的技能，受益匪浅，变得勇敢自信。

第二，提醒自己。我一定不能忘记我曾经上过讲话训练课，我从这门课中学到的知识是我一辈子的财富。

第三，鼓励自己。在今后的学习和工作中，我还要不断地练习，进一步提高自己的讲话能力，有朝一日，与殷老师一比高低。

北京师范大学–香港浸会大学联合国际学院　张宏哲

2009年6月3日

图书在版编目（CIP）数据

21 天掌握当众讲话诀窍 / 殷亚敏著 . —长沙：湖南文艺出版社，2020.5

ISBN 978-7-5404-8748-5

Ⅰ. ①2… Ⅱ. ①殷… Ⅲ. ①口才学—通俗读物
Ⅳ. ①H019-49

中国版本图书馆 CIP 数据核字（2020）第 044521 号

上架建议：口才 · 成功励志

21 TIAN ZHANGWO DANGZHONG JIANGHUA JUEQIAO

21天掌握当众讲话诀窍

作　　者：殷亚敏
出 版 人：曾赛丰
责任编辑：丁丽丹
监　　制：于向勇
策划编辑：康晓硕　王　琳
特约编辑：郑　荃
营销编辑：王　凤
封面设计：末末美书
版式设计：利　锐
出　　版：湖南文艺出版社
（长沙市雨花区东二环一段 508 号　邮编：410014）
网　　址：www.hnwy.net
印　　刷：三河市天润建兴印务有限公司
经　　销：新华书店
开　　本：680mm × 955mm　1/16
字　　数：154 千字
印　　张：13.5
版　　次：2020 年 5 月第 1 版
印　　次：2020 年 5 月第 1 次印刷
书　　号：ISBN 978-7-5404-8748-5
定　　价：48.00 元

若有质量问题，请致电质量监督电话：010-59096394
团购电话：010-59320018